EDUCAÇÃO DE BEBÊS EM CONTEXTOS COLETIVOS:

Cultura Material e Pedagogia

Magali Reis e
Maria das Graças Oliveira
(Orgs.)

EDUCAÇÃO DE BEBÊS EM CONTEXTOS COLETIVOS:

Cultura Material e Pedagogia

MAZZA
edições

Educação de bebês em contextos coletivos: Cultura Material e Pedagogia

Capa
Túlio Oliveira

Revisão
Lourdes Nascimento

Diagramação
Lorrany Mota de Almeida

E24 Educação de bebês em contextos coletivos: cultura material e pedagogia / organizado por Magali Reis, Maria das Graças Oliveira. - Belo Horizonte : Mazza Edições, 2022.

192 p. ; 16cm x 23cm

Inclui bibliografia
ISBN: 978-65-5749-044-0

1. Educação. 2. Educação de bebês. 3. Pedagogia. I. Reis, Magali. II. Oliveira, Maria das Graças. III. Título.

CDD 372.21
CDU 372.3

Elaborado por Odilio Hilario Moreira Junior - CRB-8/9949
Índice para catálogo sistemático:
1. Educação infantil 372.21
2. Educação infantil 372.3

MAZZA EDIÇÕES
Rua Bragança,101 - Bairro Pompeia
30280-410 Belo Horizonte/MG
Telefone: (31) 3481-0591

Saiba

Saiba,
Todo mundo foi neném
Einstein, Freud e Platão também
Hitler, Bush e Sadam Hussein
Quem tem grana e quem não tem

Saiba:
Todo mundo teve infância
Maomé já foi criança
Arquimedes, Buda, Galileu
e também você e eu

Saiba,
Todo mundo teve medo
Mesmo que seja segredo
Nietzsche e Simone de Beauvoir
Fernandinho Beira-Mar

Saiba,
Todo mundo vai morrer
Presidente, general ou rei
Anglo-saxão ou muçulmano
Todo e qualquer ser humano

Saiba,
Todo mundo teve pai
Quem já foi e quem ainda vai
Lao Tsé, Moisés, Ramsés, Pelé
Ghandi, Mike Tyson, Salomé

Saiba,
Todo mundo teve mãe
Índios, africanos e alemães
Nero, Che Guevara, Pinochet
e também eu e você.

(Arnaldo Antunes, 2004)

SUMÁRIO

PREFÁCIO

A CRIANÇA PEQUENA

A criança pequena é titular de direitos e, no Brasil, a legislação sobre as crianças pequenas conheceu quatro grandes alterações significativas, a partir dos anos 1990.

A primeira delas é a Convenção Internacional sobre os Direitos da Criança, estabelecida pela Assembleia-Geral da Organização das Nações Unidas em setembro de 1989. Com exceção dos Estados Unidos, todas as outras 196 nações a assinaram. No Brasil, a ratificação, para entrar em vigor, deu-se pelo Decreto nº 99.710, de 21 de novembro de 1990.

Tendo em vista o oportuno livro em tela, registrem-se dois artigos dessa Convenção:

> Art. 12: Os Estados Partes devem assegurar à criança que é capaz de formular seus próprios pontos de vista o direito de expressar suas opiniões livremente sobre todos os assuntos relacionados a ela, e tais opiniões devem ser consideradas, em função da idade e da maturidade da criança.
>
> Art. 13: A criança deve ter o direito de expressar-se livremente. Esse direito deve incluir a liberdade de procurar, receber e divulgar informações e ideias de todo tipo, independentemente de fronteiras, seja verbalmente, por escrito ou por meio impresso, por meio das artes ou por qualquer outro meio escolhido pela criança.

O exercício de tal direito poderá estar sujeito a certas restrições, que serão unicamente aquelas previstas em lei e consideradas necessárias: para o respeito dos direitos ou da reputação de outras pessoas; ou para a proteção da segurança nacional ou da ordem pública, ou para proteger a saúde pública e os costumes.

A segunda alteração trata-se do Estatuto da Criança e do Adolescente (ECA), mediante a Lei nº 8.069, de 13 julho de 1990, consequente ao artigo 227 da Constituição Federal de 1988. O art. 3º dessa lei prevê:

> Art. 3º A criança e o adolescente gozam de todos os direitos fundamentais inerentes à pessoa humana, sem prejuízo da proteção integral de que trata esta Lei, assegurando-se-lhes, por lei ou por outros meios, todas as oportunidades e facilidades, a fim de lhes facultar o desenvolvimento físico, mental, moral, espiritual e social, em condições de liberdade e de dignidade.
>
> Parágrafo único. Os direitos enunciados nesta Lei aplicam-se a todas as crianças e adolescentes, sem discriminação de nascimento, situação familiar, idade, sexo, raça, etnia ou cor, religião ou crença, deficiência, condição pessoal de desenvolvimento e aprendizagem, condição econômica, ambiente social, região e local de moradia ou outra condição que diferencie as pessoas, as famílias ou a comunidade em que vivem.

E o art. 54 dispõe como *dever do Estado assegurar* "IV - Atendimento em creche e pré-escola às crianças de zero a seis anos de idade."

Este dispositivo do ECA reproduzia o também inciso IV do art. 208 da Constituição, sendo que, pela Emenda Constitucional nº 53/2006, a idade de seis anos para creche e pré-escola foi disposta para cinco anos. Com isso, as leis infraconstitucionais conformaram-se a essa nova redação.

Esta inserção da Educação Infantil no âmbito da organização da educação nacional foi confirmada pelo art. 4º das Diretrizes e Bases da Educação Nacional, Lei nº 9.394/1996. Alteração significativa que, no seu inciso IV, prevê, na educação escolar pública: "Atendimento gratuito em creches e pré-escolas às crianças de zero a cinco anos."

Importa aqui registrar que esse artigo está sob o Título III, *Do Direito à Educação e do Dever de Educar*, que prevê a gratuidade no *atendimento* e não apenas na *oferta e* que a Educação Infantil passa a fazer parte da organização da educação nacional. Atender é deferir, satisfazer, no caso, um direito. Por sua vez, não se oferta um direito. Oferta é deixar em aberto, de modo gracioso, alguma coisa. Mais do que isso, o direito à educação é um direito da criança para o que se postula a assistência integral da parte de pais, mães, tutores, tutoras, cuidadores, cuidadoras e outros responsáveis, como também dos docentes. Isto significa que a criança, titular do direito à educação, não é propriedade desses responsáveis, e sim um sujeito dotado de singularidade cujos ciclos de existência devem ser respeitados.

Essas dimensões constitucionais e legais foram retomadas pelo Conselho Nacional de Educação que, por sua Câmara de Educação Básica, exarou vários Pareceres e Resoluções, interpretando, explicando aspectos operacionais e normatizando tais dispositivos. Desde os Pareceres CNE/CEB nº 22/1998 (e respectiva Resolução nº 01/1999), CNE/CEB nº 02/1999, CNE/CEB nº 04/2000 até CNE/CEB nº20/2009 (e respectiva Resolução CNE/CEB n º 05/2009), entre tantos outros, vê-se que a entrada da Educação Infantil na educação nacional mereceu um cuidado especial.

Além disso, o Plano Nacional de Educação 2001-2011, Lei nº 12.172/2001, tem um capítulo próprio para esta etapa da Educação Básica. O atual Plano Nacional de Educação 2014-2014, Lei nº 13.005/2014, guarda uma meta exclusiva para esta base da Educação Básica. Trata-se da Meta n. 01, com 17 estratégias de modo a contemplar esse direito. Portanto, a Educação Infantil passa a contar metas e estratégias desde a União, passando pelos Estados e chegando aos Municípios. Decorre desse conjunto a necessidade de políticas públicas concernentes à garantia e à efetividade desse direito positivado.

Esse conjunto legislativo e normativo atende a legítimas pressões da sociedade e mudanças que, ao longo da história ocidental, e também do Brasil, foram abandonando categorias ultrapassadas relativas às crianças pequenas e acedendo à noção da criança como sujeito de direitos. Tudo isso pode ser resumido neste artigo do Estatuto da Criança e do Adolescente:

> Art. 7º A criança e o adolescente têm direito a proteção à vida e à saúde, mediante a efetivação de políticas sociais públicas que permitam o nascimento e o desenvolvimento sadio e harmonioso, em condições dignas de existência.

Esse é o quadro de base pelo qual este livro, em boa hora, discorre por várias avenidas do conhecimento que incluem a ética docente responsável para com os bebês e crianças pequenas. Esta ética do cuidado não se adquire de modo espontâneo, ela exige uma formação específica, dado o caráter singular próprio da *singularidade* dessa etapa da Educação Básica.

Tema nem sempre mais focalizado nas análises da educação escolar comparece no livro. Este quadro de base necessita de condições materiais, ou seja, investimento em infraestrutura, como espaços pedagógicos. O cuidado com bebês e crianças pequenas e o respectivo material pedagógico abrangem salas de dormir, de comer, de limpeza e brinquedos para o caráter lúdico. E para tanto é que as vozes de docentes, de associações e de sindicatos se levantaram para um investimento na educação positivado na meta 20 do Plano Nacional de Educação.

Outro espaço importante, posto no livro, é a chamada axiológica de que o berçário é um lugar de formação. Ali se dá uma relação que vai do docente e de outros agentes pedagógicos à criança pequena e dessa para o outro. São mãos que se tocam, olhares que se cruzam *enformando* uma correlação que exige o cuidado, o carinho e o respeito. São gestos *intercorpóreos* expressivos de vivências intensas capazes de serem teatralizadas. E como insistindo em uma recorrência, essa etapa de um ciclo da existência necessita de maior consciência das instituições formadoras em considerar os bebês como sujeitos de direito, dentro da sua condição, em que cuidar e educar se cruzam em simbiose virtuosa.

Um outro mote importante, consequente ao anterior, é a expressão de um dos capitulos do livro: *Cuidar na educação não é apenas cuidar do corpo, envolve pensar, planejar, organizar e conhecer.* Por mais esta razão é que tais dimensões passaram a ser objeto de uma formação *profissional.* A titularidade de que se revestem os bebês — continua o capítulo — implica que a metodologia de formação considere que eles *possuem um saber que deve ser respeitado, esperamos que a criança seja o ponto de partida para sua própria aprendizagem.*

Tal abordagem visa justamente desconstruir a ideia propagada a partir da etimologia do termo *infância.* O prefixo *in*, no caso, indica negação, negação de fala? Não! Negação de mani*fes*tação. *Fan*, do grego, é mostrar, como em epi*fan*ia. Ora, os bebês demonstram e mostram-se pelo choro, pelo olhar e outros gestos e *isto é um modo de fala* próprio da singularidade deles. E dessa singularidade decorre o *cuidar* que, como bem posto, tem o profundo sentido de pensar e, enquanto se pensa, projeta-se uma ação. Não é curioso que o verbo pensar tenha tanto o sentido de cuidado diligente quanto de uma cogitação em que se exerce a capacidade de julgamento?

Esse pensar cuidadoso conhece uma dimensão estética e lúdica com a música que, como dito em um dos capítulos, capta *o mundo infantil pelo mistério e pela magia; atraem pelo ritmo e/ou pela sonoridade.* As canções de ninar, pela sua sonoridade, pelas suas letras e pela sua presença de longa data no universo cultural, inclusive regional, compõem-se com a exigência de que na educação escolar, consoante o art. 26, §6º, da Lei de Diretrizes Bases da Educação Nacional: "As artes visuais, a dança, a música e o teatro são as linguagens que constituirão o componente curricular...".

Tais canções, cercadas de afetividade, são um meio de interação com os bebês. Na resposta deles — pelo olhar, pelo balbuciar, pelo choro, pelos movimentos —, há um convite à alteridade, a um respeito pela sua identidade e a uma viagem pelo universo desses pequenos.

Em outro capítulo, bastante ousado, lê-se que com base na Lei nº 13.006/2014, que estimula exibição de filmes nacionais na rede escolar, a equipe entendeu que seria importante ir além da exibição: *Nós a [a lei] entendemos como uma oportunidade de fazer cinema autoral em nossas escolas e tornar as crianças protagonistas dos filmes.* Assim, a equipe traduz sua prática pedagógica, articulando Educação Infantil e filmagem: *a passagem dos bebês de espectadores para agentes de filmagem.* O produto foi o de que é possível conhecer a escola por ângulos nunca dantes imaginados pelos adultos. Isso revela uma intencionalidade, ainda que embrionária, nesses movimentos que incitam ao protagonismo infantil.

Não poucos filósofos, como Platão e Aristóteles, já apontaram a criança pequena como dotada de curiosidade. De fato, a criança admira-se de tudo, ela se coloca diante do mundo com um ar interrogativo. E isso a faz inquieta com as descobertas. Por isso, a criança, diante das coisas interrogando-as e interrogando-se, foi erigida como o princípio do pensar filosófico. A criança, diante do mundo, é dotada da *admiração.* Para quem tudo já está sabido, pronto, perdeu-se a disposição filosófica. A infantilidade não tem nada a ver com a ausência de fala, não é a adultez em miniatura. A infantilidade é essa abertura para o mundo que faz de nós seres interrogantes. Por isso, ela é sujeito, ela é titular dessa disposição.

Este livro abre uma oportunidade rara de trabalhar com a criança pequena, com os bebês, esses pequenos investigadores do mundo, de um modo criativo, respeitador e livre de concepções preconceituosas. Ao mesmo tempo, o livro, trabalhado por adultos, também se reveste de outro atributo exigido do pensar: a busca do rigor, apresentando-nos uma escrita fundamentada, prazerosa e fluente.

Cabe aos docentes da formação inicial em suas instituições, aos gestores da formação continuada, aos educadores e educadoras a apropriação dos conteúdos, presentes no livro, a fim de que a Educação Infantil seja vista como uma etapa própria e singular de nosso ciclo de existência humana.

Carlos Roberto Jamil Cury

PARTE I

CONTEXTOS COLETIVOS E PEDAGOGIAS NA EDUCAÇÃO DOS BEBÊS

A MULTIDIMENSIONALIDADE DA FORMAÇÃO PARA A DOCÊNCIA COM BEBÊS

Daniele Marques Vieira
Larissa Kovalski Kautzmann
Maria Carmen Silveira Barbosa

INTRODUÇÃO

A questão que se coloca para pensar este texto está implicada, primeiramente, em identificar características específicas para a constituição da docência na Educação Infantil, especialmente com bebês, a fim de considerar como tais características se articulam com as diferentes instâncias formativas pelas quais os sujeitos se tornam professora/professor,[1] processo que se prolonga por toda a vida, como veremos adiante.

Para pensar caminhos à formação docente em sua multidimensionalidade, é necessário reivindicar um longo percurso, contemplado em diferentes momentos formativos: a formação inicial, a formação continuada e os processos reflexivos sobre o cotidiano[2] — que indicam a revitalização da profissão, pessoal ou grupal, produzindo sentidos inerentes ao processo de tornar-se professora/professor.

---

[1] Apesar da constatação amplamente discutida na área do predomínio das mulheres como profissionais da Educação Infantil, pensamos ser pertinente e relevante considerar a presença dos homens que também atuam nesta etapa, assim, utilizaremos sempre a denominação professora/professor para designar esse profissional.

[2] Podem se caracterizar como aponta Morin (2015) acerca da noção de circuito autorregenerador ou recursivo, ou ainda, como abordam Contreras e Pérez (2010) sobre a reflexividade da experiência, isto é, de voltar-se à própria prática pela autorreflexão em busca do sentido educativo da experiência.

A profissionalização da docência com bebês constitui-se como uma árdua luta política e pedagógica em nosso país. Uma profissão marcada historicamente por diferentes questões: a crença na vocação — para ser professora de bebês, bastaria gostar de crianças e/ou ter experiência com a maternagem (SILVA, 2003); a precariedade de um currículo específico na formação inicial — pois a graduação não forma professores, mas pedagogos generalistas (DELGADO; BARBOSA; RICHTER, 2019); a ausência de docentes nos cursos superiores que sejam, ou tenham sido, docentes da Educação Infantil (BARBOSA; GOBBATO, 2019); o baixo valor atribuído aos estudos sobre/da/com bebês e criança ou infância devido ao baixo valor simbólico e econômico das crianças nas sociedades capitalistas (GOTTLIEB, 2009); a inexistência de vínculo direto entre as Diretrizes Curriculares Nacionais para a Educação Infantil - DCNEI (BRASIL, 2009a), o que se demanda que a escola realize com as crianças e a formação oferecida no curso de pedagogia. O último aspecto refere-se, sobretudo, a uma formação didática, isto é, um conjunto de referentes teórico-práticos que possibilitasse às/aos docentes acionarem chaves para pensar a realidade dos territórios, da sua escola, dos sujeitos nelas inseridos e poder elaborar dispositivos de intervenção contextualizados que se refletem em processos educativos complexos.

Em trabalho[3] que analisa artigos, dissertações e teses da área da Educação Infantil (DELGADO; BARBOSA; RICHTER, 2019), há algumas recorrências que indicam caminhos para identificar a singularidade da docência com os bebês. Dois aspectos sobressaem, um relativo à própria noção de bebês (e crianças pequenas), compreendidos como sujeitos de direitos e com capacidade de agência, e outro que implicaria, do ponto de vista do adulto, assumir o compromisso de uma ética da responsabilidade vinculada com a especificidade dessa ação pedagógica. Portanto, as características dos bebês e das crianças, em seus contextos de vida, e as concepções de infância geram modos de ser professora/professor socialmente situados e geracionalmente pensados, produzidos em um processo relacional.

[3] O objetivo deste artigo é analisar como a pesquisa educacional vem tratando das singularidades da docência na creche mediante interlocução com algumas dissertações e teses produzidas entre 2000 e 2011 do Banco de Dados da Capes e os artigos apresentados entre 2010 e 2015 nas reuniões da Associação Nacional de Pós-Graduação e Pesquisa em Educação (Anped) no GT 07 – Educação de zero a seis anos.

No artigo citado anteriormente, a proposta de análise para caracterizar a docência na creche organizou dimensões que tematizam singularidades e sugerem um vocabulário *multidimensional* básico para quem quer refletir sobre possibilidades de imaginar uma formação direcionada para a docência com bebês: concepção de infância e de bebê; cuidado; direito de provisão, proteção e participação; docência compartilhada; multiplicidade de funções; conhecimentos e saberes; relações de corporeidade; empatia, sutileza e confiança; planejamento, organização de grupos e flexibilização de espaços; observação, registro, documentação do vivido; brincadeiras, relações e comunicação; ética da responsabilidade. Esse vocabulário é apenas um recorte e configura a potencialidade multidimensional da docência.

Ao longo do texto, relacionaremos algumas dessas dimensões e noções que nos aproximam de um pensamento pedagógico atinente à complexidade da Educação Infantil e que nos parecem caras à formação docente.

Ser docente da Educação Infantil é uma profissão complexa[4] e exige uma nova sabedoria que reconhece toda vida pessoal como uma aventura imersa em uma aventura social, que se insere na aventura da humanidade, tecidas juntas (MORIN, 2020). Aventura, do latim "*ad venture*", detém o sentido de enfrentar o que vem pela frente e implica certa dose de entusiasmo, mas também a consciência de se defrontar com riscos e incertezas no cotidiano. Enfatizar o destaque de Morin sobre a sabedoria da vida como aventura pessoal que se inter-relaciona em um tecido social, no planeta Terra, faz muito sentido nesse momento pandêmico que vivemos,[5] tanto para as crianças como para os adultos. As contínuas crises, sobretudo da segunda década deste século XXI, urgem situar a educação sob outros parâmetros.

> A crise da educação deve ser concebida em sua própria complexidade que, por sua vez, remete à crise da complexidade social e humana, crise que ela traduz, agrava, e à qual poderia trazer sua contribuição específica à regeneração social e humana se pudesse encontrar as forças regeneradoras (MORIN, 2015, p. 68).

---

[4] Complexa, "no sentido original da palavra *complexus*, 'o que é tecido junto" (MORIN, 2020, p. 21).

[5] Período global que se iniciou em decorrência da Covid-19, no ano de 2020 e, especialmente, no Brasil, tende a se estender ao longo de 2021.

Tal circunstância, em que se enredam crises envolvendo educação, sociedade, humanidade, se mostra pertinente para tecer aproximações com a teoria da complexidade desenvolvida por Morin (2000; 2011; 2015; 2020), também incorporada por pensadores dedicados à Educação Infantil que utilizam a Teoria dos Sistemas Complexos como base epistemológica, entre eles Malaguzzi,[6] Edwards, Gandini e Forman (1999), Rabitti (1999) e Hoyuelos (2014; 2019; 2020). Isso exige pensar uma nova educação, especialmente aquela realizada na escola, lugar de formação onde as crianças possam aprender a viver com professoras/professores que se disponham também a aprender um modo de conhecimento que religa (MORIN, 2015), a religar saberes e conhecimentos e a conectar-se com o planeta.

A complexidade de tornar-se docente da Educação Infantil também está relacionada à indissociabilidade das ações de educação e cuidado, processo único demarcado pelo que se denominou de binômio *cuidar e educar*. Esse aspecto, intrínseco à prática pedagógica com bebês fixado nas DCNEI (BRASIL, 2009a), por vezes expressa uma dicotomia que prevalece e denota dificuldades de abordá-la no âmbito das instituições em função de "fatores sócio-históricos relacionados a questões de gênero, numa sociedade capitalista-industrial-patriarcal marcada pela dicotomia corpo/mente" (TIRIBA, 2005, p. 67) e exige ressignificar o cuidado como essência humana. A compreensão de que "cuidar e ser cuidado são duas demandas fundamentais de nossa existência pessoal e social" (BOFF, 2012, p. 29) impinge o direito nas relações entre adultos e bebês ao cuidado ético (GUIMARÃES, 2011) e incide sobre as reflexões forjadas no cotidiano num movimento que acolhe, desnuda, transcende o vivido da experiência educativa nesse exercício diário da docência, temas a serem contemplados na formação continuada.

Dito isso, reafirma-se no processo de constituição da docência da educação infantil, a formação inicial como um momento de instauração de bases, descoberta do campo de estudos e visualização das múltiplas dimensões dos processos educativos, cuja relação — implicada pela

[6] Sua aproximação com a teoria da complexidade pode ser identificada nos anos 1970 pelos estudos de Urie Bronfenbrenner e outros autores, como o filósofo D. Hawkins, e teóricos, entre eles G. Bateson, H. Von Foerster e Francisco Varela (EDWARDS; GANDINI; FORMAN, 1999), E. Morin, H. Maturana e F. Varela (RABITTI, 1999).

condição humana, com a vida do planeta, com os diferentes saberes e conhecimentos e com a construção de uma ética do cuidado — almeja realizar-se num contexto dialógico e de relações democráticas. Nesse momento, há um trabalho pessoal intenso de se colocar *em relação* com a profissão, de compreender seu lugar político e social, suas responsabilidades com as crianças e com o mundo, de aprender a observar, a refletir, a se fazer perguntas e realizar intervenções — de forma direta e indireta. Com vistas à efetiva formação para a docência, os conhecimentos acadêmicos e o conhecimento dos modos da sua produção, necessários à construção do pensamento pedagógico, são colocados em relação aos saberes da prática engendrados no cotidiano observado, vivido e refletido[7] durante esse percurso formativo.

Após a formação inicial, a/o profissional da educação inserida(o) no campo de trabalho inicia outro momento do processo de constituição da docência, a formação continuada. Nesse âmbito, as dimensões pessoais se articulam e se atualizam diante das condições de vínculo, função e possibilidades, sobretudo, quanto ao fazer pedagógico guiado por escolhas, exigências e ressonâncias de sua formação inicial.

A confrontação com a realidade da prática educativa, impõe ao sujeito docente — professora/professor — desafios próprios da práxis pedagógica que se compõem de forma interdependente pelas ações de: colocar em relação as intencionalidades da prática e a concretude das subjetividades dos sujeitos em foco — bebês e crianças —, situando suas necessidades e demandas; gestar as condições objetivas desse contexto institucional para prover o processo educativo de oportunidades pertinentes, com sentidos propostos a partir de perspectivas individuais e coletivas; reconhecer o valor e a relevância da cultura no cotidiano educativo considerando sua vivência pelas crianças; e propiciar a ampliação do repertório das crianças por meio do acesso ao patrimônio da humanidade que lhes é oferecido. Isso constitui efetivamente a experiência docente, que necessita de constante reflexão para propor, acompanhar, avaliar a dinâmica desse processo de educar seres humanos, exigindo compromisso e responsabilidade com a sua própria formação, dado que a continuidade do processo formativo aos profissionais da Educação Básica é direito garantido por lei (BRASIL, 1996).

---

[7] Aqui fazemos alusão especialmente ao contexto de estágio supervisionado no Curso de Pedagogia.

Na instituição escolar, poderíamos discorrer sobre especificidades que marcam essa relação de interdependência entre as condições do contexto, a práxis pedagógica e a sua reflexão, quais sejam: a vivência em um coletivo de mesma idade; o pensamento plural; as relações interpessoais e entre grupos geracionais em um espaço comum; o acesso a conhecimentos como patrimônio da humanidade; o processo de viver, aprender e se constituir sujeito de direitos pela prática democrática. No exercício profissional, essa relação de interdependência gera uma incidência reflexiva ao processo formativo diante da responsabilidade de cumprir um papel e das condições para realizar as ações da prática. Desse modo, podemos pensar que a interdependência entre a formação continuada e o contexto, ou melhor, âmbito em que ela ocorre, imprime-lhe particularidades dessa relação como indícios daquilo que a constitui. Sob uma dada perspectiva, essa interdependência se evidencia pelo conceito de rizoma expresso como princípio da conexão, posto que "qualquer ponto do rizoma pode ser conectado com qualquer outro, e deve ser" (DELEUZE; GUATTARI, 2013, p. 17 *Apud* HOYUELOS, 2019). Estabelece-se assim, uma possibilidade de pensar a realidade concreta e objetiva em que se dá a trama de relações do cotidiano educativo, como uma rede de conexões sustentando esse sistema ou organização (MORIN, 2015), que influencia os processos formativos decorrentes.

A compreensão e o aprofundamento da profissionalidade docente ocorre no encontro cotidiano com a reflexividade da prática e consiste em pensar a educação pelas relações que a experiência educativa suscita diante dos desafios, limites e possibilidades. É na aventura do *fazer escola*[8] que o sujeito, implicado eticamente com sua profissionalidade, se colocará em contínuo processo de tornar-se professora/professor. Acolher um bebê, em um grupo de bebês, cotidianamente, na creche, envolve reconhecer a complexidade desta ação. Tal processo é mobilizado por uma circularidade recursiva (MORIN, 2015) — em que sujeitos e meio produzem-se mutuamente — e pressupõe uma disponibilidade docente que inclui presença ativa e escuta sensível para articular perspectivas de todos que formam

[8] Remetemos ao modo de fazer escola sensível à errância, à invenção, à igualdade e à irreverência que Walter Kohan enfatiza inspirado em Simón Rodríguez (KOHAN, 2015) e que nos sugere relacionar ao enfrentamento diário da complexidade de relações que compõem o cotidiano da creche e exigem presença.

o coletivo da creche, ou seja, colocar em relação saberes e necessidades de: bebês, famílias, professoras/professores e demais profissionais da instituição. Para estar disponível à acolhida do bebê e do adulto responsável que compartilha suas condições iniciais do dia — dormiu bem, está alimentado, se mostra choroso —, a/o docente precisa ter apoio e segurança de que o restante do grupo estará sendo atendido por alguém — outra/outro docente. Nesse breve momento do dia, observa-se a inter-relação de fatores inerentes ao contexto do berçário: docência compartilhada, afetividade e amorosidade na relação bebê-família-escola, prática educativa adequada à faixa etária, entre outros. Considerar a complexidade da docência com bebês requer movimentar-se "no terreno de uma ética da compreensão, da empatia, da curiosidade e do amor" (HOYUELOS, 2019, p. 53).

Assim, vale a pergunta: que conhecimentos e saberes seriam necessários à constituição da docência com bebês? Nas próximas seções, serão abordados elementos para delinear uma perspectiva multidimensional a essa docência relativos à formação inicial e à formação continuada.

1. FORMAÇÃO INICIAL

1.1 A exigência legal da formação para a docência

Abordar as relações entre a formação e a docência na Educação Infantil, em especial, de bebês, requer antes reconhecer que a formação inicial tem no Brasil uma trajetória marcada por um não lugar. Ela é uma necessidade social nova, ainda imprecisa, com pouco valor no sistema educacional, na cultura e no mercado, porém guiada por ditames legais constituídos em um percurso de disputas, contradições, conquistas.[9] Muitas dessas disputas esquecem a urgência da luta por direitos educativos, principalmente das crianças, a uma educação de qualidade, estabelecidos pela Constituição Federal de 1988.

Em nosso país, a ação de educar bebês e crianças pequenas foi durante muitos séculos responsabilidade prioritária do âmbito familiar ou da ação comunitária — parentela e vizinhança. Até o final do século

---

[9] Especialmente, a pesquisa de Isabel de Oliveira e Silva (2003) retrata o percurso de profissionais de creches comunitárias, relações entre formação e construção de entidades, em meio às mudanças que se efetivaram na legislação brasileira pós-LDB (BRASIL, 1996). Nesse sentido, a autora problematiza a identificação profissional vinculada às questões de gênero e do cuidado como papel da mulher.

XX, isto é, em 1996, tínhamos uma cobertura de cerca de 7,43% da população de 0 a 3 anos frequentando creches, sendo que, em 2018 (IBGE, 2018), a cobertura chegou a 34,2%. Quanto à pré-escola, ou seja, o atendimento de 4 e 5 anos, em 1999, o atendimento era de 44,4% (KAPPEL; CARVALHO; KRAMER, 2001) e, em 2018, essa taxa já era de 92,4% (IBGE, 2018) das crianças, totalizando quase 5 milhões de meninos e meninas nas escolas.[10] Muitas instituições realizavam, e ainda realizam, o atendimento às crianças com profissionais sem qualificação exigida, sendo essas nomeadas estagiárias, pajens, monitoras, isto é, mão de obra pouco qualificada, em instituições nem sempre formalizadas.

Durante um século, essa formação foi realizada basicamente na prática do espaço educativo, pela reprodução das ações, ou em nível médio e pós-médio (VALDUGA, 2005; GOMES, 2012). A Lei de Diretrizes e Bases (BRASIL, 1996) instituiu a Educação Infantil como primeira etapa da Educação Básica e definiu que o profissional responsável pelo processo educativo dos sujeitos-criança é a/o professora/professor, com formação superior (BARBOSA; CANCIAN; WESHENFELDER, 2018).

Nesses mais de 20 anos, foram homologadas várias diretrizes que modificaram o Curso de Pedagogia para licenciatura (BRASIL, 2005; 2006; 2015; 2019), reafirmando esse espaço de formação universitária para a docência dos anos iniciais e da Educação Infantil. Essa contínua mudança na perspectiva formativa das/dos professoras/professores demonstra as dúvidas dos especialistas sobre o caráter da formação e as disputas políticas por hegemonia que se fazem no cenário nacional. Com tantas e constantes mudanças, os resultados dessas formações têm sido pouco acompanhados e estudados, e as impermanências e diversidades dificultam a consolidação dos resultados.

1.2 A complexidade na formação do pensamento pedagógico

A complexidade e a multidimensionalidade que envolvem a formação docente para este nível da educação têm sido discutidas, atualmente, em vários estudos e pesquisas, entre as quais estão as realizadas por Raupp (2012), Gatti (2010) e Azevedo (2013). Além disso,

---

[10] Denota-se o aumento dos índices de atendimento, em função da definição da Educação Infantil como primeira etapa da Educação Básica.

novas exigências ao processo formativo dos profissionais que atuam na docência com bebês vêm sendo realizadas nos contextos dos espaços profissionais, como as Secretarias de Educação. Há demanda por uma qualificação pedagógica das escolas de Educação Infantil, e isso convoca a pensar sobre as ênfases a serem instauradas na formação inicial que contribuam para essa mudança, o que leva ao seguinte questionamento: quais seriam os conhecimentos basilares à formação inicial de professoras/professores de Educação Infantil?

> Acreditamos que nesse momento histórico é importante colocarmos a questão: "Qual seria a necessidade, para a sociedade brasileira e seu sistema educativo, de repropor ou refundar a formação do professor de educação infantil no curso superior de Pedagogia?" (BARBOSA; CANCIAN; WESHENFELDER, 2018, p. 50).

Em suas atribuições diárias as/os professoras/professores de Educação Infantil têm um imenso desafio, pois acolhem e educam bebês desde muito pequenos (0 ou 4 meses, de acordo com o município), por um período de tempo bem maior que a escola regular (em torno de 8 a 12 horas), em vida coletiva na creche. Esse contexto exige que a/o profissional possua uma formação bastante diferenciada daquela tradicional centrada no tratamento e na exposição de conteúdo. A formação para a docência na Educação Infantil exige um olhar sobre si mesmo e sua relação com outros olhares, a construção de uma ética do cuidado de si e do outro, a multidimensionalidade manifesta na prática, pois a ação pedagógica com bebês e crianças pequenas envolve o corpo, as emoções, as palavras e os gestos docentes.

A experiência de construção de creches, nos anos 1970, na cidade de Reggio Emilia, exigiu a organização de um grupo interdisciplinar para discutir o papel e o significado delas e desenhar cursos específicos para os profissionais. Para tanto, foram envolvidos arquitetos, urbanistas, pedagogos, cozinheiros e profissionais sanitários, com intuito de discutir as características dos novos centros, contando ainda com a participação da atelierista Carla Rinaldi (HOYUELOS, 2014).

Nos anos 1980, ao discutir sobre a complexidade da formação de profissionais para atuar com crianças de 0 a 6 anos, Malaguzzi argumenta:

> A formação de pessoal é vasta e diversificada. Também aqui, encontramos numerosas temáticas: jogar na creche, o jogo do ponto de vista da pedagogia, da psicanálise e da psicologia, os jogos tradicionais, as etapas evolutivas, a figura paterna, as linguagens expressivas, a psicomotricidade, a cozinha e o jogo de faz de conta, os projetos de unidade didática, a família usuária da escola, as reflexões sobre a situação da infância (tema tratado pelo próprio Malaguzzi) e da família na Itália, a educação científica e o pensamento das crianças, a unidade das linguagens das crianças (sempre afrontada por Malaguzzi): linguagem verbal, mímica e gestos, a linguagem gráfica e perceptiva, a linguagem motora, a linguagem lúdica e a linguagem lógica. Temáticas endereçadas a formação dos professores de creche e pré-escola para uma complexidade cultural e que permite um amplo confronto de ideias e de vivências (HOYUELOS, 2014, p. 117, tradução nossa).

É na formação inicial que as/os jovens estudantes constroem, mediante uma perspectiva dialógica, a capacidade de compreender o mundo, as teorias, os paradoxos, as contradições insuperáveis, as incertezas eternas e a formulação de novas, e melhores, perguntas. Perguntas que muitas vezes não terão respostas, pois a complexidade do mundo e da vida impede respostas únicas, sabemos que o erro é um companheiro da ciência (MORIN, 2011, p. 19). Respostas parciais, para o contexto, para o momento, que são permanentemente retomadas e ressignificadas. Essa aprendizagem de estudante é fundamental para ser levada na sua carreira de trabalho, pois coloca o estudo e a formação como atividades permanentes, como elementos que ampliam mundos e significam a vida.

Na formação inicial, podemos projetar a finalidade de promover o pensar crítico a partir de uma postura investigativa, do empenho à compreensão de conceitos, pelo exercício de aprender por meio de relações concretas advindas da realidade, da diversidade dos sujeitos envolvidos e implicados no processo educativo, e de pontos de vista diferentes. Um conhecimento pertinente, multidimensional e complexo, que possibilite enfrentar as incertezas e a pluralidade de ideias e saberes.

> Como podemos aprender a pensar, a estudar, a ler e a escrever, a ensinar, senão em diálogo, em ação e relação com outros apren-

> dendo a pensar, a estudar? Aprendendo com e em interação com um grupo que nos situa e nos significa? (BARBOSA; REICHTER, 2018, p. 35).

Os conhecimentos fragmentados, disciplinares, dificultam as conexões. Morin (2011) sugere que se pense em métodos que possibilitem compreender as relações mútuas e as influências recíprocas entre as partes e o todo. O princípio hologramático[11] — parte e todo — ajuda a pensar na importância, durante o processo formativo, de relacionar os elementos de aprendizagem acadêmica à ação pedagógica. Trata-se de desenvolver um pensamento pedagógico "capaz de apreender problemas globais e fundamentais para nele inserir os conhecimentos parciais e locais" (MORIN, 2011, p. 16).

Essa contínua relação entre o todo e as partes coloca o pensamento em ação, tanto no que se refere a relacionar os conhecimentos cotidianos às grandes teorias; como também a compreender a importância das interações sociais, do grupo, na constituição subjetiva de cada um. Cada ser humano traz, em si, singularizadas, todas as suas relações sociais. Quais relações sociais e pedagógicas é importante oferecer na educação das novas gerações? Que pedagogias defendem os direitos das crianças? O que é um bebê ou uma criança? O que caracteriza as infâncias?

Também é na formação inicial que as/os professoras/professores se munem de uma multiplicidade de saberes e conhecimentos com os quais conformam um pensamento pedagógico, capaz de lhes imprimir um modo de ver, pensar e se relacionar com a prática educativa; ademais, faz-se imprescindível à constituição do pensamento pedagógico um pensar ético, como exigência à prática educativa.

> Mulheres e homens, seres histórico-sociais, nos tornamos capazes de comparar, de valorar, de intervir, de escolher, de decidir, de romper, por tudo isso, nos fizemos seres éticos. Só somos porque estamos sendo. Estar sendo é condição, entre nós, para ser (FREIRE, 2017, p. 34).

---

[11] Explicita a ideia das relações em um sistema ou em um mundo complexo, em que "não apenas uma parte encontra-se no todo, mas o todo encontra-se na parte" (MORIN, 2015, p. 116).

É justamente a dimensão pedagógica que caracteriza a docência e que se faz relevante na formação inicial, elemento preponderante capaz de colocar em relação diferentes abordagens, posições, pontos de vista sobre formar seres humanos, ou seja, de uma compreensão da formação humana em que "construir capacidades docentes, portanto, não pode vir desarticulado de um projeto político-pedagógico, da concepção de educação, infância, conhecimento" (BARBOSA; CANCIAN; WESHENFELDER, 2018, p. 60). E ainda, em uma perspectiva da complexidade, ser docente requer aprender e assumir uma posição diante do mundo, da condição humana, da crise ambiental e das crises humanas que nos desumanizam. Sobre os saberes necessários à educação do futuro (MORIN, 2011), destacam-se especialmente para a formação inicial: a construção de uma identidade terrena; a condição humana; os conhecimentos pertinentes à formação; e o reconhecimento do inesperado, do erro e da ciência.

Se, de um lado, a formação inicial convoca a pensar sobre a formação humana de docentes e crianças, do que eleger como conhecimento a preservar, perpetuar, transmitir (ARENDT, 2013), para colocar em relação no processo educativo, pela responsabilidade dos que educam, estendida aos que formam educadores, formulam propostas pedagógicas e políticas educacionais; de outro, a formação continuada se constitui em aprender a escutar, ver as possibilidades de o novo sobrevir como consequência de colocar-se em relação.

Aqui se constatam a precedência da formação inicial e a urgência de se entender o que lhe compete no processo formativo para a docência na Educação Infantil. A formação inicial se institui como um tempo de suspensão, implicado por instaurar o pensamento pedagógico inerente à docência; enquanto a formação continuada constitui oportunidade de lançar mão desse pensamento pedagógico para a confrontação, o aprofundamento, a reflexão, a proposição e a construção de saberes da prática, por meio de conhecimentos elaborados nas relações educativas proeminentes da reflexividade da experiência (VIEIRA, 2016).

Ao se inserirem na realidade concreta da escola para exercer o magistério, as/os egressos do curso de Pedagogia passam a construir sua trajetória de docência, tornando-se professoras/professores, sendo, isto é, aprendendo efetivamente a ser docente na ação cotidiana, diária, no fazer ordinário da prática, no confronto com os desafios, as possibilidades e as realizações.

2. FORMAÇÃO CONTINUADA

2.1 Construção de políticas

O caráter da formação continuada como obrigação do poder público, para garantir aperfeiçoamento profissional às/aos professoras/professores da Educação Básica, institui-se com a LDB (BRASIL, 1996) e passa a compor as políticas públicas, especialmente na primeira década subsequente, com perspectivas diferenciadas acompanhando as tendências educacionais vigentes. Gatti (2008) aponta aspectos que historicamente construíram esse percurso, marcado pelo sentido compensatório e da preparação para o mercado, proeminentes em programas amplamente difundidos, ora para atender à exigência da legislação, ora como premissa da qualificação das pessoas para a sociedade do conhecimento e do consumo.

No âmbito da Educação Infantil, em meio às exigências de adequação da qualificação dos profissionais como professoras/professores da Educação Básica, a educação a distância assume importante mecanismo de abrangência que se, por um lado, promove o acesso com certo sentido democrático, por outro, restringe a interação que sustenta a dimensão relacional no processo educativo pela qual se constrói o humano na formação dos sujeitos. Esse tipo de formação, como proposta de formação continuada para profissionais em serviço, mostrou-se bastante incidente em contextos da inexistência de instituições de Ensino Superior. Inicialmente, pode ter sido vista como uma estratégia circunstancial para atingir o objetivo de equalizar as condições mínimas da oferta da Educação Infantil, dado o contingente de profissionais atuantes em creches majoritariamente atreladas às Secretarias de Assistência Social, porém, também fez crescer o mercado da formação a distância.

Entre as razões para se questionar esse tipo de formação no âmbito educacional, denota-se a possibilidade de confrontação das percepções e entendimentos, na construção de uma compreensão dialogada e coletiva sobre a realidade educativa, sobretudo ao se tratar dos ambientes de interação como oportunidade de constituição de aprendizados mediados pela dimensão relacional dos processos educativos. Ou seja, como tratar das contradições e dos conflitos, emergentes das relações humanas em contextos educativos, sem a oportunidade de escuta presencial e coletiva, de pares e de docentes mediadores do processo formativo, e com isso constituir parâmetros à dimensão relacional inerente a esses processos?

Paralelamente às questões relacionadas à adequação dos profissionais da Educação Infantil, a vertente de qualificação profissional pelo viés neoliberal vinha já incidindo sobre o contexto educacional nas últimas décadas do século XX, causando forte influência nas perspectivas de formação continuada que passam a encampar os preceitos da promoção de competências e habilidades nos processos de aprendizagem dos estudantes e também de professoras/professores. A influência dessa perspectiva para a constituição de programas de formação continuada com foco nas competências parece ter encontrado eco em prol de se resolverem problemas vigentes no sistema educacional brasileiro, como a questão da alfabetização, atrelando-se a isso a necessidade de entender a primeira etapa da Educação Básica como preparatória. Com isso, assistiu-se estabelecer no âmbito das políticas de formação de professoras/professores o discurso das competências, de cunho cognitivista, influenciando programas e alicerçando medidas, amparadas por setores da sociedade presentes nos órgãos competentes para orientar e impulsionar as políticas públicas. Gatti (2008) destaca que os setores mais críticos às tendências advindas do tecnicismo adentram o século XXI polarizando o emprego das competências e habilidades como nova roupagem. O intuito neoliberal na formação continuada incentiva, para além da formação de uma sociedade do consumo, o fortalecimento do mercado educacional. Vale ressaltar o questionamento de Gatti (2008, p. 63): "Por que não se discute a educação como fator de aprimoramento dos humanos para um mundo mais ético?".

Podemos constatar, contudo, que se construiu, até os primeiros anos da segunda década deste século XXI, um conjunto de ações promotoras da Educação Infantil como etapa da Educação Básica, em uma perspectiva ascendente marcada pelos princípios democráticos da pluralidade, da disputa de ideias e da constituição de uma política nacional a fim de efetivar o direito à educação de todas as crianças, com qualidade e equidade social. Nesse sentido, já na segunda metade dessa primeira década, havia sido iniciada a implantação de programas nacionais no âmbito da formação continuada de professoras/professores da Educação Infantil, em relação à adequação da formação inicial dos profissionais em serviço, conforme indicado no Plano Nacional de Educação – PNE (BRASIL, 2001). O Proinfantil,[12] exemplo de inúmeras ações e programas subsequentes relacionados ao imperativo constitucional do regime de colaboração dos entes federados em prol da Educação, abarcou também outros formatos de cursos para promover a educação continuada de professores, como expressão das políticas públicas do período mencionado, entre essas o Curso de Especialização em Docência na Educação Infantil e os Cursos de Atualização em Educação Infantil.[13]

Contudo, não se pode deixar de mencionar a relevância da revisão e atualização[14] das Diretrizes Curriculares Nacionais para a Educação Infantil – DCNEI (BRASIL, 2009a) e o alinhamento aos programas de formação continuada, como sentido de pertinência e congruência das concepções basilares ao estatuto da Educação Infantil como etapa da Educação Básica.

A instituição das DCNEI de 2009 representa um marco para a Educação Infantil brasileira, pois estabelece o estatuto de lei, a ser considerado por todas as instituições — públicas e privadas — como ponto de partida para quaisquer processos formativos consequentes, ou seja, da formação de professoras/professores à própria formação das crianças dessa faixa etária. Ganha relevância, sobretudo, na compreensão de decorrências incidentes nas políticas públicas como o exemplo mais recente, amplamente discutido, combatido e problematizado, carregado pelas contradições e urgências do sistema educacional brasileiro, que é a implantação da Base Nacional Comum Curricular – BNCC (BRASIL, 2017). Com isso, lança-se o desafio aos cursos de Pedagogia, aos programas de formação continuada e aos sistemas de ensino das redes municipais e das instituições privadas de Educação Infantil na elaboração e efetivação de suas propostas pedagógicas.

---

[12] O Proinfantil é um curso em nível médio, a distância, na modalidade Normal. Destina-se aos profissionais que atuam em sala de aula da Educação Infantil, nas creches e pré-escolas das redes públicas — municipais e estaduais — e da rede privada, sem fins lucrativos — comunitárias, filantrópicas ou confessionais —, conveniadas ou não, sem a formação específica para o magistério. Ver: http://portal.mec.gov.br/proinfantil.

[13] Esses cursos foram concebidos no âmbito do MEC pela Secretaria de Educação Básica envolvendo a Coordenação Geral de Educação Infantil e a Coordenação Geral de Formação de Professores.

[14] Confluindo o ideário negociado e amplamente discutido por diferentes atores sociais, órgãos competentes, entidades da área e setores da sociedade civil envolvidos e implicados nesta etapa, conforme explicitado no histórico do Parecer sobre as DCNEI (BRASIL, 2009b).

Depreende-se dessa realidade mais ampla, em que se ancora o contexto da Educação Infantil, sua apropriação como primeira etapa da Educação Básica, as adequações em relação à formação das/dos profissionais, a elaboração das propostas pedagógicas e a constituição de uma docência com características específicas. Ainda, a conformação de instâncias como efetivação da formação continuada que, no transcurso da profissão docente, se diferenciam em: momentos demarcados por cursos, programas e eventos; momentos contínuos articulados no cotidiano que se manifestam por processos reflexivos, mediados e compartilhados, incidindo na experiência educativa.

Independentemente da instância em que a formação continuada ocorre, ela precisa começar incorporando, decifrando e interpretando os *princípios éticos, políticos e estéticos*, reafirmados e atualizados (BRASIL, 2009a) desde a primeira resolução que instituiu as Diretrizes Curriculares Nacionais para a Educação Infantil (BRASIL, 1999). Bem como assumir o caráter intrínseco à Educação Infantil, da indissociabilidade das *ações de educação e cuidado* implicada na tarefa pedagógica, e construir a compreensão dos *eixos interações e brincadeira* na constituição de possibilidades pertinentes à prática educativa com esta faixa etária. Obviamente que todos os artigos das DCNEI são relevantes à construção da proposta pedagógica, e devem ser considerados para sua efetivação, contudo, este texto tem como foco problematizar as ênfases explicitadas acima para relacionar e/ou ressignificar sentidos à formação continuada, ante o que ainda se mostra premente nesta segunda década do século XXI.

2.2 Fazer-se docente

A dimensão pedagógica, inerente à Educação Infantil como primeira etapa da Educação Básica, se fortalece e constrói sentidos, na medida em que evidencia escolhas, seus referentes de vinculação e de capacitação na investigação da prática, que é o trabalho da docência, a qual pode ser multidimensionada no contexto da formação continuada.

Realizar a prática educativa envolve colocar o pensamento pedagógico em relação com a realidade concreta, confrontar referências, conhecimentos, parâmetros com saberes que se constroem no cotidiano, diante dos desafios e das situações-problemas com bebês e crianças reais, exige buscar o aprofundamento, a reflexão, novas proposições, efetivamente estar disponível ao outro e à reflexividade da experiência (VIEIRA, 2016).

O cotidiano educativo na creche se compõe de situações concretas em que a docência com bebês consiste em exercer ações de educação e cuidado. O foco no bem-estar de cada bebê, para que ele se desenvolva e aprenda nas inúmeras oportunidades, desde a sua iniciativa, pela mediação de processos e diante da promoção de condições que os favoreçam, depende de uma prática educativa em que a/o professora/professor vincula compromisso a uma ética da responsabilidade (DELGADO; BARBOSA; RICHTER, 2019). Nesse sentido, a reflexividade da experiência que implica na autorreflexão em busca do sentido educativo da própria prática (CONTRERAS; PÉREZ, 2010) denota o percurso formativo com marcadores de um processo reflexivo delineado pelas possibilidades de sugestionar, questionar, confrontar, comprovar, rever o vivido e, com isso, enxergar a rede de relações que a sustentam (VIEIRA, 2016).

A formação continuada com seus momentos distintos e que se complementam, ora pela possibilidade de ampliar conhecimentos, ora pela possibilidade de religá-los, reafirma a circularidade recursiva (MORIN, 2015) como um exercício do pensamento pedagógico que permite refletir acerca das relações educativas enredadas na prática. Isso significa projetar ações e realizá-las, problematizando os aspectos que impactam o processo educativo tendo em conta reconhecer e questionar o que se mostra como características específicas constituidoras da docência. Envolve pensar sobre a disponibilidade e a capacidade de professoras/professores corresponderem aos princípios instituídos pelas DCNEI, por meio de práticas educativas pertinentes que promovam oportunidades de interações e brincadeira para bebês e crianças vivenciarem suas experiências, assegurando o cuidado ético e os direitos de aprendizagem e desenvolvimento da BNCC.

2.3 O cotidiano e a reflexividade da prática

> A escola infantil é uma organização complexa, na qual acontecem acontecimentos complexos. Essa é a sua identidade irredutível. Mas por que a complexidade? Por que é ela que nos permite não simplificar os problemas (HOYUELOS, 2019, p. 25).

A atuação docente no cotidiano de um grupo de bebês é caracterizada pela complexidade, visto estar entrelaçada por fatores diversos: espaço físico, quantidade de crianças por adulto, proposta pedagógica da instituição educacional; os modos como as crianças se colocam no mundo e as interrogações que suscitam; a complexidade da prática docente e entre colegas de equipe — formação inicial e histórias de vida com suas crenças e questões subjetivas.

Assumir a complexidade da escola e do seu cotidiano é, também, assumir o pensamento complexo como um modo potente para pensar a creche, a educação, a docência. Um pensamento complexo é multidimensional, inacabado, incompleto; reconhece ambiguidades, imprecisões, incertezas; deseja sempre aprender e não toma nenhum conhecimento como verdade absoluta (HOYUELOS, 2019).

Compreender o cotidiano da creche como espaço de reflexividade e de constituição da própria docência vincula-se à ética de pensar o exercício da profissão como matéria para um contínuo processo de formação. Essa ética — do cuidado de si, do outro, da humanidade — sustenta o processo de reflexividade de professoras/professores incidindo em distintos momentos da trajetória docente: ao concluir a formação inicial e ingressar na profissão, ao mudar de etapa educacional, ao iniciar com novo grupo, ao mudar de escola, ou ainda daquela/daquele que está há 25 anos na profissão. Nesse processo, irrompem sentidos à responsabilidade implicada na docência de bebês, desde a preservação da vida, a integridade de cada bebê nas interações vividas em seus processos e o mundo que se lhe apresenta. A cada momento da trajetória docente, é possível revisitar os sentidos dessa responsabilidade intrínseca da profissão também como responsabilidade pelo mundo, de sua preservação e continuidade, mediante "nossa atitude face ao fato da natalidade: o fato de todos nós virmos ao mundo ao nascermos e de ser o mundo constantemente renovado mediante o nascimento" (ARENDT, 2013, p. 247).

Pode-se compreender, desse modo, que a responsabilidade docente se constitui por uma ética do humano, em que se articulam a preservação como cuidado da integridade do bebê e a continuidade como perspectiva da própria humanidade. A ética a que nos referimos remete ao que Morin aponta como antropoética e

> supõe a decisão consciente e esclarecida de: assumir a condição humana indivíduo↔sociedade↔espécie na complexidade do nosso ser; alcançar a humanidade em nós mesmos na nossa consciência pessoal; assumir o destino humano em suas antinomias e plenitude (MORIN, 2000, p. 101-102).

No âmbito da docência com bebês, essa atitude ética se implica por uma responsabilidade contemplada nos modos de interagir e se relacionar, uma ética da responsabilidade, manifestada em situações cotidianas com bebês e outros adultos nesse contexto educativo. A ética da responsabilidade se traduz na compreensão e organização de práticas que considerem as especificidades da faixa etária e, nesse sentido, entrelacem "provisão, proteção e participação, pela simultaneidade que os bebês e crianças pequenas apresentam entre vulnerabilidade, dependência e capacidade de ação autônoma" (FALK *apud* DELGADO; BARBOSA; RICHTER, 2019, p. 274). Nesse sentido, uma antropoética docente afirma-se no cuidado, no estabelecimento de relações empáticas, na construção de vínculos de confiança, na consideração da complexidade do bebê e suas distintas formas de ser e estar no mundo.

Nas salas de bebês das creches públicas brasileiras, geralmente, os grupos são formados por doze, quinze, dezoito crianças com idades entre quatro meses (às vezes, menos ainda) e um ano e meio, aproximadamente. A quantidade de crianças por adulto apresenta variações de acordo com as normativas locais — estados ou municípios — e de condições reais para a efetivação.

Em um mesmo grupo, é característico haver bebês que já sentam, outros que ficam somente deitados, os que engatinham e ensaiam os primeiros passos e, por vezes, os que já caminham. Em um mesmo momento do dia, é possível ter bebês com fome, com sede, com sono, com dor, com a fralda suja, com calor, com vontade de colo, os que exploram um brinquedo, os que disputam o mesmo objeto, e a lista continua. Ao contar uma história para os bebês, pode haver os que se aproximam da/do professora/professor, os que engatinham pela sala, alguém que precisa ser trocado.

Cada um desses bebês, um ser humano único, em pleno desenvolvimento, que acaba de chegar à cena humana. Essa condição inaugural, de início, de começo, abarca um período privilegiado de construção inicial da subjetividade,

> [...] ou seja, tornar-se humano, construir aparato psíquico, construir capacidade de pensamento, integrar-se, ingressar no terreno da aprendizagem, começar a significar o mundo, aprender o vínculo, relacionar-se afetivamente, apreender a linguagem, integrar-se à cultura, definir sua subjetividade [...] (LÓPEZ, 2005, p. 2, tradução nossa).

A cada criança que nasce, uma nova subjetividade passa a ser constituída. Nasce uma criança e um nome. Legitimada pela certidão de nascimento, a criança passa a estar formalmente inscrita no mundo. Essa inscrição é iniciada antes mesmo do nascimento nas narrativas que subjazem todo aquele que está por nascer. Um corpo que se desenvolve e se organiza em linguagens. O ato de chorar, manifestado nos primeiros minutos de nascimento para abrir as vias aéreas e levar o ar aos pulmões, será também recurso de comunicação. Um bebê chora. Alguém atende esse bebê e passa a tentar compreendê-lo, a fazer a escuta de seu choro, a decifrar as variações e nomeá-las. Amparado, acalentado, atendido em sua necessidade, o bebê se tranquiliza. Estar no mundo, para o bebê humano, só é possível com o outro. É por essa relação sustentada pelo outro que nasce Ana, João, e todas as subjetividades. O outro, nesse caso, refere-se ao cuidador, papel assumido, primeiramente, pelos familiares e, mais tarde, compartilhado com as/os professoras/professores e demais profissionais da instituição educativa assim que essa criança passa a frequentá-la.

Na creche, o choro, como tantos outros aspectos, parece, por vezes, uma demanda incontornável no contexto da vida em grupo. No trabalho de acompanhamento de professoras/professores[15] que atendem bebês, inúmeras indagações explicitam essa preocupação: o que fazer se houver mais bebês chorando do que adultos para lhes dar atenção individual? É melhor estar no chão sendo colo coletivo para os que fazem essa demanda? E aquele bebê que, mesmo depois de supostamente atendido, continua com seu choro por horas? É justo com as outras crianças que não choram ficar sem atenção individual dos adultos? É adequado deixar o bebê chorando sozinho para se acalmar? É melhor tirar da sala

[15] As autoras também atuam como formadoras em processos de formação continuada e trazem para o texto indagações de professoras/professores provenientes desse campo, que se configuram como questionamentos recorrentes em diferentes realidades.

para não estressar os outros bebês? Se der colo a cada choro, eles vão querer ficar sempre no colo? Quais elementos do espaço físico poderiam auxiliar nesse momento? Existem formas de organizar o ambiente que podem favorecer o bem-estar do grupo de bebês? Quais palavras dizer ao bebê nesse momento de choro que não cessa? É melhor falar ou calar? Uma canção poderia ajudar? Como estabelecer diálogo com os bebês? Como proceder quando a equipe de adultos da sala tem diferentes entendimentos e encaminhamentos em relação ao choro?

Como cada professora/professor se sente, demonstra, reage ao choro ininterrupto de um bebê? Que saberes contribuem à compreensão do choro, como linguagem, diante da complexidade do cotidiano nesse contexto educativo? Que sentimentos marcam o adulto? Todas essas perguntas reacendem uma questão importante abarcada pelo paradigma da complexidade de Morin (2003, p. 55): a necessidade de enfrentar a incerteza, visto que "a maior contribuição de conhecimento do século XX foi o conhecimento dos limites do conhecimento".

Essas são questões importantes, indagações legítimas, que surgem das/nas tensões do dia a dia, provocam desconfortos e incertezas e colocam em suspeição conhecimentos, atitudes, interpretações, práticas. Para questões complexas, não há respostas simples e únicas, mas busca contínua pela necessidade de atender as urgências do cotidiano. Tornar-se professora/professor de bebês exige se subsidiar com perspectivas que possam sustentar o não saber, acolher perguntas e produzir práticas pertinentes a esses sujeitos.

> Trabalhar no cotidiano da escola infantil supõe, como diz Morin, entrar em um oceano de incertezas com alguns arquipélagos de certezas. É uma ocasião para indagarmos a nós mesmos. [...] As perguntas, sobretudo quando trabalhamos em grupo, geram novos âmbitos de discussão — como sujeição à ação solidária dos colegas — que implica um novo léxico e a possibilidade de propagar um novo conhecimento (HOYUELOS, 2019, p. 33).

São as incertezas que impulsionam a revisão dos conhecimentos e solicitam a religação de saberes. Para atender um bebê que chora, é necessário conhecer esse bebê e entender o choro como linguagem, com disponibilidade de acolher a sua necessidade enquanto um saber da prática. "O que caracteriza a experiência e o seu saber é precisamente sua abertura ao novo, ao inesperado, o reconhecimento de que não podemos confiar em um saber acumulado" (CONTRERAS; PÉREZ, 2010, p. 49, tradução nossa).

Nisso consiste a atitude ética do cuidado do outro e reivindica a organização de momentos formativos que propiciem a reflexividade da prática, na própria instituição, tendo como foco situações do cotidiano. Disso depende uma ação pedagógica que garanta possibilidades de diálogos com os pares, alicerçados no desejo de promover interações empáticas e amorosas com crianças e adultos, reafirmando a dimensão relacional desse contexto educativo. Enredam-se os sentidos da antropoética, da dialogia, do pensamento complexo que exige em sua recursividade uma abertura à incerteza e à errância para deixar vir o humano em sua incompletude e gama de infinitas possibilidades.

> Sempre intersubjetiva, a compreensão humana requer abertura para o outro, empatia, simpatia. [...] Próximo ou distante, essa compreensão reconhece o outro simultaneamente como semelhante a si mesmo e diferente de si mesmo: semelhante a si mesmo por sua humanidade, diferente de si mesmo por sua singularidade pessoal e/ou cultural. O reconhecimento da qualidade humana do outro constitui uma pré-condição indispensável a qualquer compreensão (MORIN, 2015, p. 73-74).

Considerar cada bebê em seus processos singulares e organizar a vida em grupo exige das/dos docentes uma grande capacidade de articular conhecimentos e saberes, que considere as dimensões individual e coletiva do grupo de crianças, assim como as condições objetivas e subjetivas que incidem nesse contexto. Constituir-se professora/professor de bebês é processo laborioso que se desdobra e se intensifica na tessitura do cotidiano da creche.

As marcas da experiência que atravessam a/o professora/professor têm potência para movimentar o pensamento pedagógico e alavancar a construção de saberes da prática. Todavia, e aqui é importante frisar, não se trata de quaisquer saberes que justificariam diferentes modos de fazer, mas sim da revisão e atualização de repertórios que se entrelacem aos princípios éticos, políticos e estéticos, na indissociabilidade de educar e cuidar, tendo como eixos as interações e a brincadeira.

REFLEXÕES FINAIS

Para finalizar este texto, optamos por nos colocarmos assertivamente, como autoras que testemunham um momento decisivo para a educação e a humanidade, colocamo-nos como agentes em busca de um pensar com o outro, por isso, dialógico em sua pluralidade e disponível na intencionalidade de sendo *partes* constituir-se todo.

O cataclismo mundial criado pela Covid-19 escancara uma crise civilizacional, a cisão entre natureza e cultura, regida por políticas econômicas de lucro imediato que geraram a degradação da biosfera e a exploração humana, repercutindo em diferentes instâncias — recursos, alimentos, saúde e psiquismo dos seres humanos (MORIN, 2020). Toda crise é, também, oportunidade de revisão e redirecionamentos. Esse período que estamos vivendo na pandemia — e aquele que se apresentará na pós-pandemia — exige que a educação se constitua de outro modo, religando-se ao planeta e assumindo a responsabilidade por seu destino. Rever políticas econômicas, sociais, sanitárias, educacionais, planetárias coloca-se como urgência.

Na educação, a pandemia pôs lente de aumento sobre um sistema desigual de oferta e acesso às instituições educativas, especialmente a creche, que rapidamente perdeu a sua presença na vida social. Este texto foi escrito em março de 2021, segundo ano da pandemia global da Covid-19. Nesse momento, no Brasil, morrem milhares de pessoas diariamente[16] da Covid, de doenças decorrentes do impacto causado por ela e pela crise econômica que gera a fome, o desespero, a impossibilidade de viver. Em muitos lugares, instituições educativas da rede pública estão fechadas há mais de um ano, havendo em alguns momentos um retorno quando permitido pelas autoridades públicas, cumprindo protocolos de biossegurança. Em grande parte das escolas públicas ainda faltam condições sanitárias para garantir o distanciamento, em muitos lugares do Brasil continental há falta de água e saneamento básico. A desigualdade desvela-se enquanto as urgências geradas pela crise sanitária que abarcou o planeta exigem novas medidas e modos de enfrentamento dos problemas sociais.

---

[16] Nos primeiros meses do ano de 2021, viu-se ascender o número de mortos de 1.000 a 4.000 pessoas atingidas pela Covid-19.

> A crise numa sociedade suscita dois processos contraditórios. O primeiro estimula a imaginação e a criatividade na busca de soluções novas. O segundo é a busca do retorno à estabilidade passada ou a adesão a uma salvação providencial (MORIN, 2020, p. 28).

Foi a partir desse traço de possibilidade que escolhemos trazer Edgar Morin como interlocutor deste texto. Sua vida, suas preocupações e sua obra participam ativamente da reflexão sobre os caminhos — e as escolhas — dos séculos XX e XXI. Em seu livro *É hora de mudarmos de via as lições do coronavírus* (MORIN, 2020), à guisa de seus 99 anos de existência, ao autor parece *normal* esperar o inesperado ou prever o imprevisível e, com a urgência de uma clareza histórica centenária, ele retoma vários de seus conceitos e propõe desafios. Estamos, como sugere o título do livro, em uma encruzilhada. Qual via?

A escolha de um caminho que ativa a imaginação e a criatividade buscando outras, e diversas, soluções parece ser a mais razoável e a necessária para as professoras e os professores implicados pela preservação da vida e a continuidade do mundo. Poderíamos nos perguntar: que vida? Qual mundo? Trabalhamos com crianças e com futuros. A reconstrução da docência na educação remota, em momentos híbridos ou de alternância, e possivelmente o retorno à escola exigem uma grande revisão dos conceitos e um modo diferenciado de se colocar no mundo.

Constituir-se docente estabelece a perspectiva de ver-se em si e fora de si, e junto aos outros. Compreender-se e situar-se. Realizar o trânsito entre o eu e o planeta, assumindo a condição de ser terreno. Religar a compreensão do mundo global ao mundo local, mostrando como ambos estão interconectados. Superar a fragmentação da realidade, dos saberes e conhecimentos, pois separam aquilo que não pode ser separado e simplificam o mundo. É apenas compreendendo a complexidade, suas incertezas, contingências, possibilidades que podemos encontrar outros caminhos educativos à docência na creche.

REFERÊNCIAS

ARENDT, Hannah. *Entre o passado e o futuro*. 7. ed. São Paulo: Perspectiva, 2013.

AZEVEDO, Heloísa Helena O. *Educação Infantil e formação de professores*: para além da separação cuidar-educar. São Paulo: UNESP, 2013.

BARBOSA, Maria Carmen S.; CANCIAN, Viviane A.; WESHENFELDER, Noeli V. Pedagogo generalista – professor de educação infantil: implicações e desafios da formação. *Revista da FAEEBA. Educação e Contemporaneidade*, Salvador, v. 27, n. 51, p. 45-67, jan./abr. 2018.

BARBOSA, Maria Carmen S.; GOBATTO, Carolina. Reflexões sobre alguns impasses na formação inicial de professoras(es) para a educação infantil no curso de pedagogia. *In*: REUNIÃO NACIONAL DA ANPEd, 39, GT07 – Educação de Crianças de 0 a 6 anos. Universidade Federal Fluminense, Niterói, RJ, 2019.

BARBOSA, Maria Carmen S.; REICHTER, Silvia. Formação de professores para a educação básica: tensão entre limites e possibilidades. *Revista Educação e Cultura Contemporânea*, v. 15, n. 41, 2018.

BOFF, Leonardo. *O cuidado necessário*: na vida, na saúde, na educação, na ecologia, na ética e na espiritualidade. Petrópolis: Vozes, 2012.

BRASIL. Conselho Nacional de Educação. Câmara de Educação Básica. *Resolução CNE/CEB nº 1*, de 7 de abril de 1999. Institui as Diretrizes Curriculares Nacionais para a Educação Infantil. Disponível em: http://portal.mec.gov.br/index.php?option=com_docman&view=download&alias=159281-rceb001-99-1&category_slug=outubro-2020-pdf&Itemid=30192. Acesso em: 01 abr. 2021.

BRASIL. Conselho Nacional de Educação. Câmara de Educação Básica. *Resolução CNE/CP nº 1*, de 17 de novembro de 2005. Altera a Resolução CNE/CP nº 1/2002, que institui Diretrizes Curriculares Nacionais para a Formação de Professores da Educação Básica, em nível superior, curso de Licenciatura de graduação plena. Disponível em: http://portal.mec.gov.br/cne/arquivos/pdf/rcp01_05.pdf. Acesso em: 06 abr. 2021.

BRASIL. Conselho Nacional de Educação. Câmara de Educação Básica. *Resolução CNE/CES nº 8*, de 29 de março de 2006. Altera a Resolução CNE/CES nº 1, de 1º de fevereiro de 2005, que estabelece normas para o apostilamento, no diploma do curso de Pedagogia, do direito ao exercício do magistério nos anos iniciais do Ensino Fundamental. Disponível em: http://portal.mec.gov.br/cne/arquivos/pdf/rces08_06.pdf. Acesso em: 06 abr. 2021.

BRASIL. Conselho Nacional de Educação. Câmara de Educação Básica. *Resolução CNE/CEB nº 5*, de 17 de dezembro de 2009a. Fixa as Diretrizes Curriculares Nacionais para a Educação Infantil. Disponível em: http://portal.mec.gov.br/index.php?option=com_docman&view=download&alias=2298-rceb005-09&category_slug=dezembro-2009-pdf&Itemid=30192. Acesso em: 29 mar. 2021.

BRASIL. Conselho Nacional de Educação. Câmara de Educação Básica. *Parecer CNE/CEB nº 5*, de 17 de dezembro de 2009b. Revisão das Diretrizes Curriculares Nacionais para a Educação Infantil. *DOU*, 9 dez. 2009, Seção 1, p. 14. Disponível em: http://portal.mec.gov.br/index.php?option=com_docman&view=download&alias=2097-pceb020-09&category_slug=dezembro-2009-pdf&Itemid=30192. Acesso em: 29 mar. 2021.

BRASIL. Conselho Nacional de Educação. Câmara de Educação Básica. *Resolução CNE/CP nº 2*, de 1º de julho de 2015. Define as Diretrizes Curriculares Nacionais para a formação inicial em nível superior (cursos de licenciatura, cursos de formação pedagógica para graduados e cursos de segunda licenciatura) e para a formação continuada. Disponível em: http://portal.mec.gov.br/docman/agosto-2017-pdf/70431-res-cne-cp-002-03072015-pdf/file. Acesso em: 06 abr. 2021.

BRASIL. Conselho Nacional de Educação. Câmara de Educação Básica. *Resolução CNE/CP nº 2*, de 20 de dezembro de 2019. Define as Diretrizes Curriculares Nacionais para a Formação Inicial de Professores para a Educação Básica e institui a Base Nacional Comum para a Formação Inicial de Professores da Educação Básica (BNC-Formação).

BRASIL. Ministério da Educação. *Base Nacional Comum Curricular*: educação é base. Brasília: MEC, 2017. Disponível em: http://basenacionalcomum.mec.gov.br/images/BNCC_EI_EF_110518_versaofinal_site.pdf. Acesso em: 31 mar. 2021.

BRASIL. Presidência da República. Casa Civil. *Lei nº 10.172*, de 9 de janeiro de 2001. Aprova o Plano Nacional de Educação e dá outras providências. Disponível em: http://www.planalto.gov.br/ccivil_03/leis/leis_2001/l10172.htm. Acesso em: 02 abr. 2021.

BRASIL. Presidência da República. Casa Civil. *Lei nº 9.394*, de 20 de dezembro de 1996. Estabelece as diretrizes e bases da Educação Nacional (LDB). Brasília, DF, 1996. Disponível em: http://www.planalto.gov.br/ccivil_03/leis/l9394.htm. Acesso em: 01 abr. 2021.

CAPRA, Fritjof. *A teia da vida*. São Paulo: Pensamento-Cultrix, 1996.

CONTRERAS, José Domingo; PÉREZ, Nuria de Lara F. (Comp.). *Investigar la experiencia educativa*. Madrid: Ediciones Morata, 2010.

DELEUZE, Gilles; GUATARRI, Félix. *Rizoma* (Introducción). Valencia: Pre-Textos, 2013.

DELGADO, Ana Cristina C.; BARBOSA, Maria Carmen, S.; RICHTER, Sandra R. S. Singularidades da docência na creche: interlocução com pesquisas no Brasil. *Revista Humanidades e Inovação*, v. 6, n. 15, p. 272-286, 2019.

EDWARDS, Carolyn; GANDINI, Lella; FORMAN, George. *As cem linguagens da criança*: a abordagem de Reggio Emilia na educação da primeira infância. Porto Alegre: Artmed, 1999.

FREIRE, Paulo. *Pedagogia da autonomia*: saberes necessários à prática educativa. 55. ed. Rio de Janeiro; São Paulo: Paz e Terra, 2017.

GATTI, Bernardete Angelina. Análise das políticas públicas para formação continuada no Brasil, na última década. *Rev. Bras. Educ.*, Rio de Janeiro, v. 13, n. 37, p. 57-70, jan./abr. 2008.

GATTI, Bernardete Angelina. Formação de professores no Brasil: características e problemas. *Educação & Sociedade*, v. 31, n. 113, p. 1355-1379, dez. 2010. Disponível em: https://www.scielo.br/pdf/es/v31n113/16. Acesso em: 02 abr. 2021.

GOMES, Marta Quintanilha. *Trilhas profissionais na educação infantil*: os sentidos atribuídos ao lugar de atuação pelas professoras da rede municipal de ensino de Porto Alegre. 2012. 219 f. Tese (Doutorado em Educação) – Faculdade de Educação, Universidade Federal do Rio Grande do Sul (UFRGS), Porto Alegre, 2012.

GOTTLIEB, Alma. Para onde foram os bebês? Em busca de uma Antropologia de bebês (e de seus cuidadores). *Psicologia USP*, v. 20, n. 3, p. 313-336, 2009. Disponível em: https://www.revistas.usp.br/psicousp/article/view/42002/45670. Acesso em: 02 abr. 2021.

GUIMARÃES, Daniela. *Relações entre bebês e adultos na creche*: o cuidado como ética. São Paulo: Cortez, 2011.

HOYUELOS, Alfredo. *A estética no pensamento e na obra pedagógica de Loris Malaguzzi*. São Paulo: Phorte, 2020.

HOYUELOS, Alfredo. *Loris Malaguzzi*. Biografia pedagógica. Azzano San Paolo: Edizione Junior, 2014.

HOYUELOS, Alfredo; RIERA, María Antonia. *Complexidade e relações na educação infantil*. São Paulo: Phorte, 2019.

IBGE. *PNAD Contínua 2018*: educação avança no país, mas desigualdades raciais e por região persistem. Disponível em: https://agenciadenoticias.ibge.gov.br/agencia-sala-de-imprensa/2013-agencia-de-noticias/releases/24857-pnadcontinua-2018-educacao-avanca-no-pais-mas-desigualdades-raciais-e-por-regiao-persistem. Acesso em: 31 mar. 2021.

KAPPEL, Maria Dolores B.; CARVALHO, Maria Cristina; KRAMER, Sonia. Perfil das crianças de 0 a 6 anos que frequentam creches, pré-escolas e escolas: uma análise dos resultados da Pesquisa sobre Padrões de Vida/IBGE. *Revista Brasileira de Educação*, n. 16, jan./abr. 2001.

KOHAN, Walter. *Paulo Freire, mais do que nunca* – Uma biografia filosófica. São Paulo: Vestígio, 2019.

KOHAN, Walter Omar. *Il maestro inventore*: Simón Rodríguez. Ariccia: Ariacne, 2015.

LÓPEZ, María Emilia. Didáctica de la ternura. Reflexiones y controversias sobre la didáctica en el jardín maternal. *Revista de educación inicial Punto de Partida*, Buenos Aires, n. 18, ago. 2005.

MORIN, Edgar. *É hora de mudarmos de via*: as lições do coronavírus. Rio de Janeiro: Bertrand Brasil, 2020.

MORIN, Edgar. *Ensinar a Viver:* Manifesto para Mudar a Educação. 1ª Ed. Porto Alegre: Ed. Sulina, 2015

MORIN, Edgar. *Os sete saberes necessários à educação do futuro*. São Paulo: Cortez; Unesco, 2011.

MORIN, Edgar. *Meus demônios.* 4ª Ed. São Paulo: Bertrand Brasil: 2003.

MORIN, Edgar. *A cabeça bem-feita*: repensar a reforma, reformar o pensamento. Rio de Janeiro: Bertrand do Brasil, 2000.

RABITTI, Giordana. *À procura da dimensão perdida*: uma escola de infância em Reggio Emília. Porto Alegre: Artmed, 1999.

RAUPP, Marilene D. Concepções de formação das professoras de educação infantil na produção científica brasileira. *In*: VAZ, Alexandre F.; MOMM, Caroline M. (Org.*). Educação Infantil e sociedade*: questões contemporâneas. Nova Petrópolis: Nova Harmonia, 2012. p. 139-156.

SILVA, Isabel de O. *Profissionais da educação infantil*: formação e construção de identidades. 2. ed. São Paulo: Cortez, 2003.

TIRIBA, Léa. Educar e cuidar: buscando as teorias para compreender os discursos e as práticas. *In*: KRAMER, Sonia (Org.). *Profissionais de educação infantil*: gestão e formação. São Paulo: Ática, 2005. p. 66-86.

VALDUGA, Denise A. F. *Processo de formação docente das educadoras leigas de creches comunitárias*. 2005. 239 f. Tese (Doutorado em Educação) – Faculdade de Educação, Universidade Federal do Rio Grande do Sul (UFRGS), Porto Alegre, 2005.

VIEIRA, Daniele Marques. *A constituição do eu e o espaço pedagógico na educação infantil*: formação para a docência. Curitiba, 2011. Disponível em: https://educere.bruc.com.br/CD2011/pdf/4538_3347.pdf. Acesso em: 25 mar. 2021.

VIEIRA, Daniele Marques. *Imagens da experiência educativa de professores da educação infantil no espaço-ambiente do Proinfância*. 2016. 228 f. Tese (Doutorado em Educação) – Setor de Educação, Universidade Federal do Paraná, Curitiba, 2016.

VIEIRA, Daniele Marques. O espaço-ambiente em uma perspectiva estético-didática para pensar a prática educativa e o currículo na educação infantil. *Revista Linhas*, Florianópolis, v. 19, n. 40, p. 161-183, maio/ago. 2018.

O MATERIAL PEDAGÓGICO NO BERÇÁRIO: A ARTE DA TRANSFORMAÇÃO

Maria das Graças Oliveira
Rafaelly Sales da Cruz
Maria Suelha Nunes Marcelino

Este artigo apresenta o recorte de uma pesquisa concluída[1] sobre a materialidade nos berçários e tem como objetivo analisar o papel da professora que trabalha com os bebês nesses espaços, na seleção, na organização e na confecção do material didático-pedagógico a ser utilizado nas atividades com as crianças bem pequenas. Nesse sentido, torna-se importante a discussão de três temas interdependentes: o material pedagógico para o berçário, a produção de material pedagógico e o trabalho das professoras de bebês. A inserção de crianças menores de três anos, nas instituições de Educação Infantil, desencadeia reflexões acerca da função dessa modalidade de ensino entre os(as) profissionais envolvidos na ação pedagógica na instituição, as professoras, as famílias, os(as) técnicos(as) das secretarias de educação e os(as) pesquisadores(as) do campo. Isso envolve pensar nos atores sociais da instituição e na materialidade necessária para que as especificidades da criança bem pequena sejam atendidas prontamente. Ou seja, quem são os sujeitos sociais que compartilham o cotidiano nos berçários públicos? Quais são as condições didático-pedagógicas disponíveis nesses espaços educativos? O que se constitui em material pedagógico para os bebês nas instituições? Parte-se do pressuposto de que, nessa ação educativa com os bebês, a professora tem centralidade no que se refere ao uso da materialidade

[1] Agradecemos o apoio do CNPq para a realização desta pesquisa.

no cotidiano das turmas dessa faixa etária, pois ela, com base em um acervo disponibilizado pelo Estado provedor, planeja e organiza os materiais, tornando o espaço físico um ambiente educativo. Nesse contexto, o material pedagógico a ser utilizado pelas crianças tem relevância, porque é constitutivo das suas experiências educativas na relação com o universo social e cultural das instituições de Educação Infantil. Parte-se do pressuposto de que essas instituições se constituem como espaços de cultura para as crianças desde bebês, o que implica a necessidade de que elas tenham acesso aos bens culturais da humanidade e à produção cultural para as crianças. Uma premissa importante a se considerar nessa perspectiva é a de que as crianças produzem cultura na relação com os adultos e com a cultura já existente, por isso, torna-se tão urgente o seu acesso às brincadeiras tradicionais, a brinquedos diversos, a livros de literatura, à música, à dança, ao teatro, à contação de histórias por meio de narrativas, de modo que elas desenvolvam sensibilidades para ser e estar no mundo social e cultural. Surgem, neste debate, indagações, como: de que forma a materialidade e a docência se relacionam nos berçários? Como se constitui o acervo do material pedagógico para os bebês, e qual é o papel da professora nesse processo? Essas questões serão tratadas neste texto, que está organizado da seguinte maneira: inicialmente, será realizada uma abordagem sobre os sujeitos e os percursos metodológicos da pesquisa. Em seguida, o foco será o papel dos materiais pedagógicos na educação e nos cuidados dos bebês nas instituições de Educação Infantil. Posteriormente, será apresentada a docência nos berçários e a materialidade, analisando os significados e estratégias das professoras para a criação e ampliação do acervo das instituições em que trabalham. Pretende-se examinar os critérios adotados por elas na seleção, na confecção e na organização do material pedagógico nas salas de crianças menores de um ano. E, por fim, serão tecidas as considerações finais.

OS SUJEITOS E OS CAMINHOS TEÓRICO-METODOLÓGICOS DA PESQUISA

A pesquisa, de cunho qualitativo, foi realizada no período de outubro de 2017 a outubro de 2018, em duas Creches e Pré-escolas Municipais localizadas na cidade de Campina Grande-PB. Essas instituições atendem crianças na idade de quatro meses a cinco anos. Participaram da investigação seis professoras que atuavam nas turmas de berçário. Elas têm entre 25 e 52 anos, cinco são Pedagogas e o tempo de experiência delas no berçário varia entre seis e três anos. Quanto ao estado civil, duas são solteiras, sem filhos; entre as casadas, três têm filhos. Destaca-se que cinco docentes são prestadoras de serviço por meio de contrato, e uma foi contratada mediante concurso público. A primeira creche foi denominada de Creche A.[2] Ela tem duas turmas de berçário. Uma denomina-se Berçário 1 (B1), é composta por 18 crianças na idade de quatro meses a um ano e tem três professoras em cada turno. No Berçário 2 (B2), estão matriculadas 24 crianças de um até dois anos e sob a regência de duas professoras. A creche B, no momento da pesquisa, tinha uma turma de B2 com 24 crianças de um a dois anos. As duas instituições estão localizadas em regiões em que há alto índice de violência e de pobreza. Devido às características do objeto da pesquisa — o material pedagógico da instituição —, adotou-se também a investigação quantitativa, para saber a quantidade de material pedagógico existente no acervo das instituições. As técnicas de coleta de dados foram: a realização de entrevistas semiestruturadas com as professoras, a contagem, o registro por meio de fotos e a organização em catálogo dos materiais encontrados.

O MATERIAL PEDAGÓGICO PARA OS BEBÊS

> Quando observamos devemos fazê-lo de um duplo ponto de vista: o do adulto e o da criança. Pois, a criança não brinca, vive. Vive muito seriamente, implicando-se completamente, envolvendo todas as suas funções e todas as suas emoções em cada ato, desde o nascimento (TARDOS, 2011, p. 43).

Na educação e cuidados dos bebês, os brinquedos e os objetos constituem-se em aliados importantes das professoras das instituições de Educação Infantil. Essa é uma discussão relevante para as docentes, diretores(as), técnicos(as) de secretarias de educação, famílias, enfim,

---

[2] Os nomes Creche A e Creche B são fictícios, para preservar as identidades dos sujeitos da pesquisa.

profissionais envolvidos(as) nesse processo de educação coletiva fora do lar. Nesta seção, abordaremos essa temática com o objetivo de discutir diferentes possibilidades de material pedagógico para crianças na faixa etária de zero a um ano, tendo em vista as especificidades desse público e as suas necessidades educativas.

O que torna um objeto, um brinquedo, um livro de literatura um material pedagógico? A resposta a essa pergunta é fundamental para entendermos a educação e os cuidados dos bebês na instituição de Educação Infantil. Nessa discussão, Eiterer e Medeiros 2010) contribuem, significativamente, ao definirem o termo Recurso Pedagógico, que, de certa forma, alinha-se aos questionamentos acima. Elas identificam, entre os recursos pedagógicos, duas modalidades:

> os materiais de natureza pedagógica em si mesma, ou seja, aqueles criados especificamente para esse fim e aqueles que, apesar de não terem sido criados visando tal função, podem vir a adquirir o caráter pedagógico nos diferentes processos educativos (EITERER; MEDEIROS, 2010, s/p.).

Nessa perspectiva, pode-se afirmar que, para os bebês, temos os objetos lúdicos, que foram produzidos para esse público sem, necessariamente, terem o caráter pedagógico e que, nos berçários, podem ser vistos como material pedagógico, tendo em vista que "o elemento que permite distinguir um recurso pedagógico de outro qualquer está na ação do educador que, a partir de uma ação planejada, mobiliza determinados meios de maneira consciente com vistas a alcançar um objetivo educacional" (EITERER; MEDEIROS,2010, s/p.).

É notório o papel central da professora na seleção e organização dos materiais pedagógicos e na disponibilização destes para os bebês nas instituições públicas de Educação Infantil. Entretanto, não se pode desconsiderar a necessidade do Estado no provimento das instituições da materialidade necessária e de qualidade. Isso é fundamental para que as docentes possam cumprir adequadamente a sua função no berçário.

Historicamente, a educação de crianças tem inspirado educadores a pensarem no material pedagógico a ser utilizado. É o caso de Froebel e Montessori, "que criaram com a finalidade de propiciar às crianças a aprendizagem a partir de experiências concretas [...]"

(EITERER; MEDEIROS, 2010, s/p.). Esse material é constituído por peças de encaixe, blocos geométricos, bolas de madeira, cordões que permitem fechar, abrir, amarrar, empilhar, comparar tamanhos e formas (*idem*). Tais construções de materiais, assim como a função deles, foram importantes na configuração da educação de crianças menores de seis anos em instituições escolares frequentadas por elas.

Na educação e nos cuidados à criança bem pequena na atualidade, os(as) professores(as) inspiram-se nesses pressupostos, somando-os a outros, tais como a necessidade de exploração do bebê e a concepção deste como sujeito ativo nesse processo educativo. Corrobora-se o pressuposto de Goldschimied et al (2006, p. 110) de que, "ao prover materiais para o brincar desse grupo etário, é essencial assegurar-se de que há uma variedade e riqueza de experiências a ser oferecidas, dando aos bebês a oportunidade de explorar com as mãos e boca uma ampla gama de texturas e formatos". Assim, quanto mais brinquedos forem disponibilizados para esses atores sociais, maiores serão as possibilidades educativas deles nos berçários públicos. Considera-se, ainda, a relevância da diversidade do material pedagógico nesse contexto coletivo de educação.

Uma das sugestões das referidas autoras é o "cesto dos tesouros". Esse artefato "reúne e oferece um foco para uma rica variedade de objetos cotidianos, escolhidos para oferecer estímulo a esses diferentes sentidos" (GOLDSCHIMIED et al 2006, p. 110). Os sentidos referidos por elas são: tato, olfato, paladar, visão, audição e movimento corporal. Esse suporte para a brincadeira, proposto pelas autoras, não é organizado com objetos comprados e, sim, com objetos que podem ser encontrados nas casas das próprias crianças. Nessa atividade, os bebês exploram os objetos, escolhem os mais atrativos para eles, contribuindo, dessa forma, para o processo de tomada de decisões das crianças (*idem*). Os critérios apresentados pelas autoras para a composição dos itens do cesto estão relacionados aos sentidos, como cheiro, textura, sons, cores, formas, brilho, entre outros.[3] Essa atividade reúne objetos cotidianos transformando-os em materiais pedagógicos, no sentido de que o adulto selecionará os itens e os disponibilizará, de modo que as crianças tenham a oportunidade de desenvolverem os seus sentidos por meio

[3] Para mais detalhes sobre os objetos do cesto de tesouros, ver Goldschimied et al (2006, p. 125-128).

da exploração livre dos diferentes objetos e, consequentemente, a habilidade de escolha, tomada de decisão, criando seus próprios critérios. Percebe-se ainda a noção do bebê como um ator social, participante ativo de seu processo educativo. A participação dele, nessa atividade, está em conformidade com um dos princípios dos direitos da criança difundidos na sociedade.

Os documentos oficiais do Ministério da Educação e Cultura (MEC)[4] apresentam sugestões e critérios para a seleção e organização de brinquedos e material pedagógico para os berçários. O manual de orientação pedagógica número dois reafirma a condição das crianças como cidadãs de direito e a brincadeira e as interações como constitutivas de seu processo educativo, reiterando a prescrição das Diretrizes Curriculares Nacionais para a Educação Infantil, em que o brincar e as interações são eixos para a organização das propostas pedagógicas dessa modalidade de ensino. Uma das orientações contidas no referido documento é a organização de materiais e brinquedos para os bebês, conforme o seu desenvolvimento. Assim, seriam selecionados objetos para aqueles(as) que ficam deitados(as), os(as) que engatinham e os bebês que andam. No documento, ressalta-se a importância do trabalho da professora, na organização dos brinquedos e, também, na dimensão lúdica dela ao brincar com as crianças, interagir com elas nesses momentos. A confecção do brinquedo, considerado como objeto suporte da brincadeira, pode, além da indústria, do artesanato, ser tarefa também da professora, conforme aponta o documento (BRASIL, 2012). Dessa forma, pode-se afirmar que o "manual", de acordo com a denominação dada pelo MEC, traz, em seu bojo, a concepção de material e brinquedos para os bebês nas instituições públicas, como possibilidade de consubstancialização do direito das crianças ao brincar e dos princípios das Diretrizes Curriculares Nacionais para Educação Infantil - DCNEI (BRASIL, 2009) que vislumbram o brincar e as interações como eixos das propostas pedagógicas nessas instituições coletivas de educação, e a professora, como articuladora da relação das crianças com a produção cultural para a infância no contexto do berçário.

---

[4] *Brinquedos e brincadeiras nas creches* é um documento lançado em 2012, composto por quatro volumes, cada um apresentando um módulo que contém orientações para os profissionais da Educação Infantil na seleção, organização e uso dos brinquedos e materiais na creche. O texto final é de Tizuko Kishimoto e Adriana Freyberger.

O papel dos materiais pedagógicos, no processo educativo e de cuidados aos bebês nas instituições coletivas de educação, é o de centralidade. Eles contribuem para que as crianças tenham experiências educativas com base em iniciativas autônomas de movimento e de jogo e, dessa forma, constituam as suas identidades. Corrobora a médica Judite Falk (2011, p. 28) quanto ao princípio da "valoração positiva da atividade autônoma da criança, baseada em suas próprias iniciativas". Nessa perspectiva, essa é uma das especificidades educativas dos bebês a ser considerada pelos(as) docentes, técnicos(as), diretores(as) e famílias, em suas propostas educativas e de cuidado. Essas crianças necessitam de movimentar-se livremente e ter, à sua disposição, materiais e brinquedos para interagir, explorar e, dessa forma, constituir-se como sujeitos autônomos, conhecendo as suas possibilidades e limitações, bem como o mundo social e cultural. Entretanto, a presença do adulto é fundamental para que a criança tenha segurança e tranquilidade, a fim de realizar as suas atividades de exploração do mundo à sua volta, afirma a autora.

Tendo em vista o exposto, pode-se considerar que o material pedagógico para os berçários é constitutivo da educação e do cuidado com as crianças nas instituições públicas de Educação Infantil. Nesse processo, o papel do(a) professor(a), na seleção e organização do material no espaço, é relevante. Corrobora-se a afirmação de que "é fundamental a criança ter um espaço povoado de objetos com os quais possa criar, imaginar, construir e, em especial, um espaço para brincar, o qual certamente não será o mesmo para crianças maiores e menores" (HORN, 2004, p. 19). Dessa forma, pode-se dizer que o material pedagógico na Educação Infantil está estreitamente ligado à organização do espaço. Esse último se torna componente da educação e dos cuidados aos bebês. Argumenta-se que a exploração dos objetos, dos brinquedos e das coisas disponíveis no espaço é fundamental para que as crianças se desenvolvam como cidadãs de direito, e que as professoras são protagonistas, com elas, no seu trabalho de educar e de cuidar da pequena infância.

Nesse sentido, os resultados desta pesquisa mostraram que as professoras dos bebês se encarregam dessa tarefa no exercício do seu ofício, como pode ser observado neste extrato de fala da entrevista:

> A equipe mesmo é bem engajada em conseguir recursos, então, como eu estou lhe dizendo, a gente tanto vai em busca como recebe e, nesse processo de tanto ir em busca como receber, a gente é bem suprido. Quando nós temos algumas ideias novas, a gente vai atrás, tá entendendo? (Rosália, profa. da Creche A, dez. 2018).

Tal afirmação mostra que as docentes têm consciência da importância da materialidade no seu trabalho com os bebês. Também indica o engajamento delas na constituição do acervo de materiais pedagógicos da instituição. O aspecto da referência da professora ao coletivo pressagia a existência de uma ação em grupo dessas profissionais. Talvez, isso se explique pela organização de pessoal adotada nessas turmas. As professoras dividem a regência nos berçários, sendo três em cada turma, por determinação da legislação municipal que usa, como critério, a razão de um adulto para cada seis bebês. Nas creches municipais, a opção foi juntar três professoras responsáveis por uma turma de dezoito crianças. Essa constituição favorece o surgimento de uma cultura docente regida pelo princípio da coletividade, característica tão relevante para o magistério na atualidade, e, provavelmente, contribui, de forma significativa, para que haja um acervo considerável de materiais pedagógicos nesse local pesquisado.

O Quadro 1, a seguir, mostra a quantidade de material pedagógico do acervo das creches participantes:

Quadro 1 – Os materiais pedagógicos existentes nos berçários

Material	Número
Material industrializado (brinquedos, instrumentos musicais)	476
Material artesanal (chocalhos, móbiles, instrumentos musicais e objetos do cotidiano)	562
Material para higiene	293
Livros de literatura infantil (livros brinquedo)	242
Recursos audiovisuais (CDs e DVDs)	92
Total	**1.665**

Fonte: Dados da pesquisa, 2018.

O Quadro 1 mostra que o acervo de material pedagógico, das creches públicas investigadas, compõe-se de material industrializado, feito pelas professoras e de objetos do cotidiano (panelas, colheres, tecidos diversos e outros). Esse material se origina de duas fontes de recursos. Os brinquedos, os equipamentos audiovisuais e os materiais para higiene são adquiridos com a verba da prefeitura. Os livros de literatura, CDs e o material artesanal são o resultado de campanhas efetuadas com a comunidade e os brechós realizados na instituição durante o período letivo, cuja verba arrecadada é utilizada para a compra desses itens. O protagonismo das professoras, no sentido de complementar o acervo disponibilizado pelo Estado, revela, por um lado, que o poder público não atende, de modo satisfatório, às necessidades materiais das instituições; de outro, mostra a valorização do material pedagógico por parte das professoras. Desse modo, a situação que, a princípio, poderia ser adversa para essas profissionais, impulsiona essas professoras a transcenderem o seu papel na ação de educar e cuidar, no sentido de investirem no próprio trabalho.

Os materiais pedagógicos nos berçários cumprem papel importante no desenvolvimento curricular, que tem como objetivo principal a formação humana permeada pela construção da autonomia dos sujeitos. Eles promovem, de certa forma, o acesso das crianças, desde bebês, à produção cultural e aos artefatos culturais da sociedade e, ainda, possibilitam que elas façam a produção de suas culturas infantis nessa relação.

A quantidade de material pedagógico, apresentada no Quadro 1, revela que há uma forte tendência de a disponibilidade desses artefatos ser suficiente para o número de crianças matriculadas no berçário. Isso pode significar que o tempo de espera dos bebês, nos momentos de exploração dos brinquedos, seja reduzido. Embora os berçários sejam espaços coletivos de educação e de cuidado, pressupõe-se que a individualidade e a singularidade dos meninos e das meninas sejam respeitadas. Os indicadores de qualidade divulgados pelo Ministério da Educação e Cultura (MEC) destacam a importância dos materiais pedagógicos para a garantia dos direitos das crianças. Entre os argumentos explicitados no referido documento, está a afirmação de que, "para propor atividades interessantes e diversificadas às crianças, as professoras precisam ter à disposição materiais, brinquedos e livros infantis em quantidade suficiente" (BRASIL, 2009, p. 50). Pode-se afirmar que as profissionais do berçário estão atentas a esse indicador de qualidade estabelecido pelo MEC.

As estratégias utilizadas por elas para complementar o acervo de material pedagógico da instituição, por meio de brechós e campanhas com a comunidade, indicam a valorização, por parte delas, de se disponibilizar brinquedos, livros e objetos, de forma diversificada e em número suficiente, para que as crianças possam explorar, criar e se constituírem como sujeitos autônomos. Todavia, é necessário destacar que apenas ter o acervo não é suficiente para que as crianças se desenvolvam plenamente. A esse respeito, Horn (2004, p. 20) argumenta que "a forma como organizamos o espaço interfere, de forma significativa, nas aprendizagens infantis". Na perspectiva dessa autora, a organização do espaço de forma criativa, desafiadora, e que possibilite, aos bebês, o acesso a esses diferentes e diversos materiais, é imprescindível para que se alcance o objetivo do desenvolvimento global das crianças.

Além da valorização do material pedagógico pelas docentes, pode-se dizer, ainda, que essa relação delas com o trabalho revela "[...] que os professores são também atores que investem em seu local de trabalho, que pensam, dão sentido e significado aos seus atos, e vivenciam sua função como experiência pessoal, construindo conhecimentos e uma cultura da profissão" (TARDIF; LESSARD, 2014, p. 38). Nesse processo, o investimento na produção e na seleção do material pedagógico poderia se constituir em uma estratégia de autoafirmação profissional e de uma relação positiva com o trabalho, como será abordado posteriormente neste texto.

Diante da relevância dos materiais pedagógicos nos processos de educação e de cuidados aos bebês, são necessários alguns critérios para sua aquisição e disponibilização às crianças. Esses são de natureza de segurança, adequação à idade, possibilidades de exploração e qualidade. O poder público adquire material por meio de licitação, buscando garantir a aquisição de produtos dentro desses critérios.

Nas instituições, as profissionais recebem esse material que é adquirido pelo poder público e, também, compram-no. Os critérios utilizados pelas docentes participantes desta pesquisa, para a seleção e a construção de materiais a serem disponibilizados para os bebês, são: a segurança e a potencialidade lúdica e criativa dos objetos e dos brinquedos e o interesse do grupo de crianças das turmas. No contexto da educação e dos cuidados aos bebês no berçário de instituições públicas, esse cuidado de si e do outro, característico dessas professoras, evidencia outra singularidade da docência com os bebês, tendo em vista que a exploração de objetos e brinquedos é relevante no processo de formação humana deles com vistas à sua emancipação. Corrobora-se a noção de que "a docência diz respeito ao delicado envolvimento, ao delicado comprometimento, a uma delicada preocupação e zelo com os destinos e temporalidades humanos: uma delicadeza para com a vida humana [...]" (TEIXEIRA, 2007, p. 433). Essas mulheres dedicam parte do seu tempo extraescolar à pesquisa, à produção de material pedagógico para as crianças, com base nos gostos e nas preferências destas. Entretanto, é importante ressaltar que a noção de segurança do material produzido pelas professoras é um conhecimento intuitivo e prescinde das normas oficiais da Associação Brasileira de Normas e Técnicas (ABNT) que deveriam ser observadas nessa produção.

A segurança dos brinquedos e dos materiais disponibilizados nos berçários é de fundamental importância. Essa temática é abordada no Manual formulado pelo MEC (BRASIL, 2012, p. 17), constituindo-se em critérios para compra:

> ✓ [...] O brinquedo deve atender às normas de segurança (não só as que estão escritas pelo fabricante, mas observar se o brinquedo não tem pontas, objetos muito pequenos, farpas, material tóxico, etc.),
>
> ✓ Ter o selo do Instituto Nacional de Metrologia, Qualidade e Tecnologia - Inmetro (isso é obrigatório para qualquer brinquedo, e os artesanais devem ser fabricados dentro das normas de segurança para brinquedos, seguindo as indicações da ABNT e, preferencialmente, terem algum selo indicativo, por exemplo: selo da associação de fabricantes artesãos da região, selo de material ecologicamente correto, etc.) [...].

Portanto, a observância dessas normas de segurança, na aquisição de brinquedos e materiais pedagógicos, é imprescindível para que as crianças e as professoras possam desenvolver atividades de exploração do brinquedo com autonomia e de forma segura. Constitui-se, também, em ação educativa e, principalmente, de cuidado da professora com os bebês.

No próximo tópico, será analisado o significado do material pedagógico no trabalho das docentes do berçário.

AS ARTIMANHAS DE TRANSFORMAÇÃO DE OBJETOS E COISAS: O CASO DAS PROFESSORAS E DOS BEBÊS

> "A gente transforma objetos normais em objetos de uso da criança" (Cely, professora da Creche A).

A noção de transformação, apresentada pela professora na epígrafe ao se referir aos materiais pedagógicos, é relevante para o desenvolvimento das análises que serão feitas a seguir. Os materiais pedagógicos, no contexto da educação e dos cuidados aos bebês nas instituições de Educação Infantil, têm se constituído em uma temática importante. Isso se deve às especificidades educativas dos sujeitos socioculturais dessa faixa etária. Dentre elas, destacam-se a necessidade de desenvolvimento autônomo dos bebês, as possibilidades interativas das crianças com esse material e o significado cultural dos objetos e dos brinquedos nestes contextos educativos coletivos. Dessa forma, a transformação pode ser vista tanto sob a dimensão histórica dos brinquedos quanto sob a dimensão simbólica deles na sociedade e na brincadeira das crianças. Trata-se do encontro entre duas temporalidades da vida: a infância em seu limiar e o adulto, em que a criatividade e a imaginação dão suporte às relações sociais e culturais estabelecidas sob a égide de transformar coisas, objetos, espaços para conviver, sonhar e viver a experiência coletiva no berçário.

Nesse cenário, estão, lado a lado, dois sujeitos produtores de cultura: a professora e as crianças. De um lado, estão as docentes revelando mais uma particularidade da docência: cuidar da confecção do material a ser utilizado em sua prática pedagógica com as crianças. A opção das docentes por confeccionarem parte dos materiais do berçário inicialmente pode causar surpresa, tendo em vista que há uma oferta enorme de materiais e objetos confeccionados para bebês no mercado. Podemos perceber essa atitude sob a ótica da reafirmação do *status* docente de sua autonomia na seleção dos materiais pedagógicos. Talvez, confeccionar o seu material seja uma estratégia delas para atenderem, de modo mais específico, às necessidades educativas dos bebês e de se afirmarem como professoras. Entende-se a estratégia como "produto do senso prático como sentido do jogo, de um jogo social particular, historicamente definido, que se adquire desde a infância, participando das atividades sociais [...]" (BOURDIEU, 1990, p. 81).

Esse jogo a que se refere Bourdieu é constituído nos engendramentos do trabalho docente. Complexidade é um termo potente para se pensar o labor das professoras no cotidiano dos berçários. "O centro da docência é o contexto do trabalho interativo cotidiano que permite compreender as características cognitivas particulares da docência", afirmam Tardif e Lessard (2014, p. 33). O dia a dia de professores(as) nas instituições de Educação Infantil é caracterizado por múltiplos encontros entre adultos: colegas de trabalho, diretores(as), coordenadores(as), familiares das crianças, e entre adultos e crianças, no caso do berçário, as professoras e os bebês. Portanto, trata-se de um trabalho profícuo para a realização das interações a que se referem os autores.

A análise do trabalho dos(as) professores(as), especialmente essa estratégia das professoras de confeccionarem os materiais pedagógicos e criarem mecanismos de geração de recursos para complementarem o acervo da instituição, denota uma compreensão mais abrangente do trabalho escolar e da sua organização no contexto atual. Tardif e Lessard (2014) mostram que, no Brasil, como em outros países, há uma forte tendência na adoção de "controles burocráticos na gestão do trabalho docente" (*ibidem*, p. 25). Isso envolve ações de prescrição das tarefas e dos conteúdos escolares, controle, medidas de eficiência, relatam os autores. Eles argumentam que, para compreender o trabalho dos professores, é necessário questionar os modelos de gestão e de realização de seu trabalho. Para Tardif e Lessard (2014, p. 25), "pode-se dizer que a escola e o ensino têm sido historicamente invadidos e continuam ainda a sê-lo, por modelos de gestão e de execução do trabalho oriundos diretamente do contexto industrial e de outras organizações econômicas hegemônicas". Nessa perspectiva dos autores, as atividades dos(as) docentes e das crianças — tais como horários, planejamentos, currículo, entre outros — estão burocratizadas, padronizadas e controladas. Provavelmente, as professoras criam estratégias para entender e encaminhar tais prescrições ao seu trabalho, resgatando a autonomia delas no exercício de seu trabalho docente.

Outra perspectiva importante nessa análise é a de que os(as) professores(as) são sujeitos socioculturais. E essa condição mostra que eles(as) têm seus valores, sua ética profissional, com os quais eles desenvolvem o seu trabalho. Corrobora-se o pressuposto de que: "o professorado é uma categoria social notadamente heterogênea, envolvendo pessoas vivas e reais — com atributos de gênero, cor, idade, visões de mundo, dentre outros" (TEIXEIRA, 2001, p. 181). Essas mulheres, dentro da organização de trabalho em que estão inseridas, criaram as estratégias da confecção do próprio material e a adoção de material não estruturado no berçário, com o objetivo de possibilitar, às crianças, o acesso livre ao material pedagógico. Dessa forma, elas respeitam os processos de desenvolvimento dos bebês, seus interesses e necessidades educativas de exploração, com autonomia, dos objetos e dos brinquedos no espaço da instituição de Educação Infantil. É o que pode ser observado no depoimento da professora Úrsula: "A gente cria o brinquedo. Vamos dizer, tem o brinquedo industrializado, mas esse brinquedo que nós fazemos, eu acho que tem mais valor, até para eles mesmos, eu sinto que eles gostam" (Entrevista, dez. 2018). E, também, nos depoimentos a seguir:

> Com as tampas, eu fiz o chocalho, é tipo um chocalho mesmo, agora é bem legal, depois você vai ver. [...]. Eu estou mandando até para as outras creches, para o povo imitar e eu gosto também de fazer o kitzinho e doar para outras creches, até a universidade já pegou. É, eu faço também os baldinhos, eles estão adorando os baldinhos, foi tudo estreia desse ano! (Profa. Virgínia, entrevista, dez. 2018).

> O objetivo que eu quero alcançar, eu vou chegando pertinho deles e vou mostrando, gosto de colocar lá e eles vão experimentando, pegando [...], mas eu gosto de deixar o material para eu observar. Pronto! Têm uns que, naquele momento, às vezes não querem aquele material e já vão e pegam outro. Eu respeito! Eu os deixo à vontade!!! (Profa. Virgínia, entrevista, dez. 2018).

> Mas assim, eu trago esse material e elas... Elas acolhem, elas gostam também, eu percebo que elas gostam e assim, e também, Graça, nesse tipo de atividade, eu percebo que não existe briga, que não existe agressividade, com esse tipo de material, eu não vejo sabe? Eu não me estresso com as crianças, eu entro aqui sete horas da manhã e saio às cinco horas da tarde, do jeito que entrei eu saio. Você não vê, assim, eu brigando com menino, porque assim, é o tempo todo, eles brincando sabe? A gente sai de um canto, vem para outro e eu percebo muito isso, que não tem agressividade; briga. (Profa. Úrsula, entrevista, dez. 2018).

> Com sucata, por exemplo, caixas, a caixa vazia. Trago as caixas vazias e eles brincam com essas caixas, eu sinto que com uma caixa de papelão que é eles brincam mais tempo, eles descobrem mais, mais do que um jogo, brinquedos mais sofisticados. (Profa. Leandra, entrevista, dez. 2018).

Dos depoimentos acima, pode-se depreender que as crianças se envolvem com o material não estruturado, como as caixas, e com os brinquedos confeccionados pelas professoras e, nessa brincadeira, desenvolvem a habilidade de escolha, e a relação com as outras crianças é mais pacífica. Isso, provavelmente, é uma das consequências da quantidade suficiente de oferta de material pedagógico disponibilizada para elas, no espaço do berçário. As professoras demonstram satisfação com a opção que fizeram. O trabalho docente, configurado nesses princípios estabelecidos pelas professoras, revela uma concepção de criança ativa no processo de educação e de cuidado na instituição coletiva de educação pública. E que elas consideram o material pedagógico como relevante nesse processo. Assim, as professoras, com criatividade e com o critério do respeito às crianças e ao seu desenvolvimento, executam uma das suas atribuições do trabalho docente: a seleção e disponibilização do material pedagógico para as crianças na instituição de Educação Infantil.

O uso de materiais não estruturados e confeccionados pelas professoras é uma tendência mostrada em outros estudos, como o de Goldschimied et al (2006), com os objetos do cotidiano e da natureza, e o de Mallmann (2015). A segunda autora destaca a importância de se disponibilizar, aos bebês, diversidade de materiais, que ela denomina de materiais potencializadores, para que as crianças tenham experiências sensoriais e sensíveis no espaço do berçário. A pesquisadora utilizou materiais à base de produtos naturais ou de alimentos, tais como borra de café e amido de milho e materiais de descarte do cotidiano, que, após serem analisados por uma nutricionista, foram utilizados nas atividades com as crianças. O cuidado com a segurança do material, por parte da pesquisadora, revela sua responsabilidade e o respeito às crianças. Mallmann (2015) relata o envolvimento e a criatividade dos bebês nas atividades com esse material potencializador. É interessante ressaltar o cuidado da pesquisadora em relação à segurança de material. Assim, é possível dizer que as crianças dessa faixa etária se envolvem de modo prazeroso com os materiais pedagógicos artesanais, não estruturados.

O trabalho coletivo e o espírito solidário de compartilhar os materiais produzidos com outras instituições é uma das características dessas profissionais entrevistadas. O ato de organizar *kits*, contendo material confeccionado por elas para doar para outras instituições públicas, é uma forma de divulgação de sua produção e colaboração com os colegas. Corrobora-se o pressuposto de que "o trabalho docente não consiste em apenas cumprir ou executar, mas também é a atividade de pessoas que não podem trabalhar sem dar um sentido ao que fazem, é uma interação com outras pessoas" (TARDIF; LESSARD, 2014, p. 38). A docência é um trabalho que envolve as relações humanas, entre as professoras e as crianças, as professoras e as famílias e entre as docentes de instituições diferentes. O material pedagógico, nesse contexto, pode se constituir em elo entre essas profissionais.

Entretanto, o acervo de materiais pedagógicos dos berçários das instituições de Educação Infantil não pode ficar restrito aos materiais produzidos pelas professoras e materiais não estruturados. As crianças têm direito de ter acesso a brinquedos e objetos industrializados, pois há diversidade de materiais, texturas, livros-brinquedo, instrumentos musicais para crianças, entre outros. Há, no mercado, brinquedos e objetos confeccionados para bebês, inspecionados e com selos de qualificação emitidos pelo Inmetro, que podem ser oferecidos aos bebês na instituição de Educação Infantil. Nessa instituição, foi constatada a presença desse tipo de material. Ou seja, a presença dessa diversidade de material pedagógico parece indicar que os bebês têm acesso, no cotidiano, a diferentes suportes para suas brincadeiras e explorações sensoriais e sociais. E que essa experiência educativa e de cuidados seja promotora de desenvolvimento pleno e inserção cultural por meio da produção da cultura para a infância, assim como, nesse processo, as crianças de zero a um ano de idade possam produzir as suas culturas infantis em um ambiente organizado com esse objetivo pelas professoras.

Dessa forma, a relação de centralidade dessas professoras com o material pedagógico permite a elas cumprir as tarefas que lhes são atribuídas pela organização burocrática do trabalho e, concomitantemente, revelarem-se autônomas e responsáveis pela complementação do acervo da instituição em que trabalham, produzindo material pedagógico e garantindo o acesso e a exploração pelas crianças dos brinquedos, dos objetos e das coisas com as quais elas terão experiências educativas que proporcionam o pleno desenvolvimento físico, emocional e cognitivo.

Os resultados desta pesquisa, que objetivou verificar qual material pedagógico era utilizado nos berçários das instituições públicas da cidade de Campina Grande, mostraram a existência de um acervo considerável nas instituições pesquisadas, e que as professoras têm o papel central na seleção e na confecção do material disponibilizado aos bebês no berçário. Juntamente, as docentes e a direção das instituições mobilizam-se para angariar recursos financeiros, a fim de complementar o material pedagógico que o poder público oferece. Tal fato pode ser considerado um avanço, pois, em estudo sobre a qualidade da Educação Infantil, Campos (2011) mostrou preocupação com relação aos resultados obtidos pelas creches na escala adotada na pesquisa para avaliação no item referente às atividades proporcionadas, aos materiais disponíveis e às condições dos espaços. A autora esclarece que: "a classificação no nível I Inadequado significa que não se encontrou, na média das salas observadas, nenhum material disponível para as atividades naquela área do currículo, tais como gravura, livro, material ou objeto relativo àquele item [...]" (CAMPOS, 2011, p. 33). A referida investigação refere-se às áreas curriculares do movimento, música, blocos, natureza e aceitação da diversidade. Diferente resultado apontado por Campos (2011) se verificou na pesquisa que se apresenta, pois materiais pedagógicos com diferentes possibilidades nas atividades curriculares foram encontrados. Dessa forma, pode-se depreender que, nas instituições pesquisadas, há preocupação por parte das professoras e direção em manter o acervo de material pedagógico atualizado com brinquedos industrializados, confeccionados pelas docentes e, também, material não estruturado.

Contudo, esse material pedagógico precisa estar acessível às crianças. Cabe a indagação: as crianças têm acesso a esse acervo de brinquedos e objetos no dia a dia nos berçários? Como é a relação das crianças com esse material pedagógico? Qual é o papel das professoras nos momentos de brincadeiras com os materiais pedagógicos? Essas questões emergiram deste estudo e podem ser respondidas em futuras investigações. Assim, as pesquisas contribuem de forma significativa para a compreensão do trabalho docente e das condições objetivas que o configuram cotidianamente.

CONSIDERAÇÕES FINAIS

Os resultados mostram que o papel das professoras, na seleção e na organização dos materiais pedagógicos no berçário, é o de centralidade. A elas, cabe a tarefa de disponibilizar materiais diversos aos bebês, organizando-os no espaço, de modo que estejam acessíveis para a exploração pelas crianças. As professoras, sujeitos da pesquisa, demonstraram envolvimento com a seleção e com a confecção de materiais pedagógicos para serem utilizados na instituição em que trabalham.

Nesse contexto, é possível tecer três considerações. A primeira refere-se ao engajamento das docentes na complementação do acervo de material pedagógico na instituição. Isso pode revelar que as docentes valorizam a materialidade na elaboração das propostas pedagógicas e conhecem a importância dessa materialidade para o desenvolvimento das crianças.

A segunda é sobre a produção de material pelas professoras. Uma iniciativa que amplia as tarefas e atribuições delas na realização do trabalho, pois a confecção dos brinquedos envolve desde o recolhimento da matéria-prima, os cuidados com a higiene do material, até o acabamento e o acesso da criança ao produto: chocalhos, baldes, pás, móbiles e outros. Trata-se de um tempo extraescolar, frequentemente usando a sua residência como "oficina pedagógica". Nesse sentido, as docentes mostram-se realizadas ao verem os bebês interagindo com esses artefatos confeccionados por elas. Entretanto, há de se cuidar também para que obtenham selos da associação dos fabricantes artesãos da região, conforme recomenda o MEC, a fim de que tenham mais segurança e legitimidade para essa produção profissional.

E, por fim, a terceira consideração refere-se à presença de material pedagógico, como brinquedos industrializados, confeccionados pelas professoras, material não estruturado, livros-brinquedo, assim como material de higiene, fantoches, fantasias, no acervo da instituição. Essa realidade potencializa que as crianças tenham uma imersão cultural impulsionada por esse acervo da produção cultural industrial e artesanal presente no berçário da instituição pesquisada.

REFERÊNCIAS

BOURDIEU, Pierre. *Coisas ditas*. São Paulo: Brasiliense, 1990.

BRASIL. Ministério da Educação e do Desporto. *Lei nº 9.394/96*, de 20 de dezembro de 1996. Lei de Diretrizes e Bases da Educação Nacional. Brasília, DF, 1996.

BRASIL. Ministério da Educação e do Desporto. Resolução CNE/CEB nº 05/09, de 18 de dezembro de 2009. Fixa as Diretrizes Curriculares Nacionais para a Educação Infantil. *Diário Oficial da União*, Brasília, DF, 2009.

BRASIL. Ministério da Educação. Secretaria de Educação Básica. *Critérios de compra e uso dos brinquedos e materiais para instituições de educação infantil*: manual de orientação pedagógica: módulo 5/ Ministério da Educação. Secretaria de Educação Básica. Brasília: MEC/SEB, 2012.

CAMPOS, Maria Malta; ESPOSITO, Yara Lúcia *et al*. A qualidade da educação infantil: um estudo em seis capitais brasileiras. *Cadernos de Pesquisa*, v. 41, n. 142, jan./abr. 2011.

DAYRELL, J. A escola como espaço sócio-cultural. *In*: DAYRELL, J. (Org.). *Múltiplos olhares sobre educação e cultura*. Belo Horizonte: Ed. UFMG, 2001. p. 136-161.

EITERER, C. L.; MEDEIROS, Z. Recursos pedagógicos. *In*: OLIVEIRA, D. A.; DUARTE, A. M. C.; VIEIRA, L. M. F. *Dicionário*: trabalho, profissão e condição docente. Belo Horizonte: UFMG/Faculdade de Educação, 2010. CDROM.

FALK, Judit (Org.). *Educar os três primeiros anos*: a experiência de Lóczy. 2. ed. Araraquara: Junqueira & Marin, 2011.

FEDER, Agnès Szanto; TARDOS, Anna. O que é autonomia na primeira infância? *In*: FALK, Judit (Org.). *Educar os três primeiros anos*: a experiência de Lóczy. 2. ed. Araraquara: Junqueira & Marin, 2011.

GOLDSCHMIED, Elinor *et al*. *Organizando o espaço para viver*. Educação de 0 a 3 anos: atendimento em creche. 2. ed. Porto Alegre: Artmed, 2006.

HORN, Maria da Graça Souza. *Sabores, cores, sons, aromas*: a organização dos espaços na educação infantil. Porto Alegre: Artmed, 2004.

MALLMANN, Elisete. *Materiais potencializadores e os bebês-potência*: possibilidades de experiências sensoriais e sensíveis no contexto de um berçário. Dissertação (Mestrado) – Faculdade de Educação, Universidade Federal do Rio Grande do Sul, Porto Alegre, 2015.

TARDIF, Maurice; LESSARD, Claude. *O trabalho docente*: elementos para uma teoria da docência como profissão de interações humanas. 5. ed. Petrópolis: Vozes, 2014.

TEIXEIRA, Inês Castro. Da condição docente: primeiras aproximações teóricas. *Educação e Sociedade*, Campinas, v. 28, n. 99, p. 426-443, maio/ago. 2007.

TEIXEIRA, Inês Castro. Os professores como sujeitos socioculturais. *In*: DAYRELL, Juarez. (Org.). *Múltiplos olhares sobre a educação e cultura*. Belo Horizonte: Ed. UFMG, 2001.

O ESPAÇO INTERCORPÓREO COMO FORMADOR DO CORPOTEXTO DE BEBÊ[1]

Jader Janer Moreira Lopes
Marisol Barenco de Mello
Luiz Miguel Pereira

1. ANA

> A menina não palavreava. Nenhuma vogal lhe saía, seus lábios se ocupavam só em sons que não somavam dois nem quatro. Era uma língua só dela, um dialecto pessoal e instransmixível? Por muito que se aplicassem, os pais não conseguiam percepção da menina. Quando lembrava as palavras, ela esquecia o pensamento. Quando construía o raciocínio, perdia o idioma. Não é que fosse muda. Falava em língua que nem há nesta actual humanidade. Havia quem pensasse que ela cantasse. Que se diga, sua voz era bela de encantar. Mesmo sem entender nada, as pessoas ficavam presas na entonação. E era tão tocante que sempre havia quem chorasse.
>
> Seu pai muito lhe dedicava afeição e aflição. Uma noite lhe apertou as mãozinhas e implorou, certo que falava sozinho: – Fala comigo, filha!
>
> Os olhos dele deslizaram. A menina beijou a lágrima. Gostouseou-se aquela água salgada e disse: – Mar... (COUTO, 2013, p. 33)

O espaço intercorpóreo é um espaço geográfico. Com essa afirmação, começamos este texto. Isso porque a espacialidade humana desenreda-se em muitas situações, em muitas condições e, em todas elas, as relações com

[1] Estudo financiado com recursos da FAPEMIG.

os outros estão presentes. Não pensamos o espaço, assim, em sua condição antropomórfica, como um ente determinante da vida, mas como uma criação marcada por manifestações do grande tempo, dos tempos pequenos, dos desejos, das intenções pessoais e coletivas, das atividades afetivas, emocionais e cognitivas. Milton Santos, em seu clássico livro *A natureza do espaço* (2006, p. 102), lembra-nos:

> As formas asseguram a continuidade do tempo, mas o fazem através da sucessão dos eventos, que mudam o seu sentido. O objeto tem autonomia de existência, devida à sua existência corpórea, mas não tem autonomia de significação, já o vimos. "A mudança em um objeto vem das diferentes relações que mantém com os diversos eventos", diz Whitehead (1919, p. 63). É desse modo que o espaço testemunha a realização da história, sendo, a um só tempo, passado, presente e futuro. Ou como escreve E. Relph (1976, p. 125): "os lugares são, eles próprios expressão atual de experiências e eventos passados e de esperanças no futuro".

Nessa condição trazida por Santos, Massey (2012) aponta como o espaço "é a esfera da possibilidade da existência da multiplicidade" onde "distintas trajetórias coexistem, é a esfera da possibilidade da existência de mais de uma voz". E continua:

> Sem espaço não há multiplicidade, sem multiplicidade não há espaço [...].
>
> Multiplicidade e espaço são co-constitutivos, [...] precisamente porque o espaço é o produto de relações-entre-relações, que são práticas materiais necessariamente embutidas que precisam ser efetivadas, ele está sempre num processo de devir, está sempre sendo feito — nunca finalizado, nunca se encontra fechado (MASSEY, 2012, p. 31).

Suas palavras rompem para a solidão de um ser fechado em um tempo linear, um ser deslocado dos textos que se fazem na unidade sociedade e natureza.

Por isso, voltamos a afirmar: o espaço intercorpóreo é geográfico. Constâncias de inacabamentos. Mas, nessa afirmação, iremos guardar uma das expressões do espaço geográfico que consideramos de importante acepção para nossos argumentos: a sua escala. Harvey (2015), ao trazer a cidade de Paris para dialogar com os princípios basilares do surgimento do capitalismo, relembrou Walter Benjamin, mais especificamente suas obras *Passagens*. Afirmou que, apesar do intenso interesse desse autor pelas formas espaciais urbanas da capital francesa, ele deixara escapar uma dimensão importante em suas escritas: a da escala. Citando Loyer (*idem*), um historiador da arquitetura, aponta que uma das decorrências mais significativas do capitalismo na produção do espaço foi a transformação escalar.

Isso significa assumir que, para compreender a vida no espaço, não basta ver seus materiais e outros elementos (inclusive simbólicos), temos que atentar também para a escala e em todas as suas manifestações. Estudos sobre a escala geográfica não são novos. Nós mesmos já tratamos desse tema em diversos outros momentos.[2] Há também outro estudo bem conhecido de Smith (2000 *apud* ARANTES, 2000), intitulado "Contornos de uma política espacializada: veículo dos sem teto e a produção da escala geográfica", sobre os moradores de rua de Nova York. Lacoste, no livro *A Geografia - Isso serve, em primeiro lugar, para fazer a guerra*, editado no segundo quartel do século XX, já apontava como os jogos escalares presentes nos diversos registros espaciais eram (e continuam sendo) uma das principais estratégias silenciadas do poder geopolítico sobre o humano e suas existências.

Mas envolver essa personificação geográfica na vida de crianças, sobretudo dos bebês,[3] com seus mundos vividos, é algo que tem sido completamente negligenciado. Por isso nossa escolha para este texto. E, precisamente, devemos dizer algo mais, visto que, talvez, a imagem que os leitores têm, quando falamos de escala, refere-se àquelas unidades presentes nos mapas e cartas, que codificam suas métricas. Isso

---

[2] Ver, por exemplo, o texto de Lopes (2018).

[3] A definição do termo bebês tem sido reflexão de muitas áreas de estudos e, nos últimos anos, um constante debate no campo de Estudos da Infância, ver, por exemplo, Tebet (2013). Para os pesquisadores do campo de estudos e montagens de teatro para e com bebês, por exemplo, consideram-se bebês as crianças com idade entre seis e trinta e seis meses completos, ou seja, os recortes variam dependendo de quem olha. Aqui, chamaremos de bebê e de primeira infância como Pereira (2014, p. 86) considera: "Assumimos os bebês com idade até três anos e embasamos nossa pesquisa numa perspectiva de desenvolvimento humano a partir da teoria histórico-cultural e, através de uma 'rede intermodal' de conceitos".

também é escala. Mas falamos de uma escalar geográfica, cujas métricas são expressas por outras condições: a das vivências intercorpóreas das pessoas, de suas presenças no mundo, de suas existências sociais e das variadas linguagens que se enredam nos encontros.

Para que isso fique mais claro, contemos uma geografia pessoal com suas histórias. Trata-se de Ana, um bebê de uma instituição pública de uma cidade do interior do Brasil.

1.1 Uma pequena história

Ana chega a este local diariamente em torno das 8h da manhã. Sua mãe, uma mulher brasileira, trabalhadora, como milhares de outras nesse país, confia nesse local e nas pessoas que ali também fazem de suas ações a rotina de seus trabalhos. Ana não está sozinha, muitos outros bebês e crianças estão com ela. O dia é cheio de coisas para se fazer. Como diz uma das coordenadoras, além das alimentações, das trocas constantes de fraldas, dos banhos, dos momentos de sono e repouso, histórias são narradas, há diversos momentos de brincar, tanto no espaço interior, quanto no pátio externo. A região onde essa história aconteceu sempre tem muitos morros. E a creche em questão está situada em um deles. Para chegar lá, tem que subir ou descer, claro, dependendo de onde se vem. Em seu interior, os morros, com seus aclives e declives, também se fazem presentes. Essa marca topográfica cria um terreno singular, com dois platôs que se interligam por um caminho. Nesse platô, acontecem muitas atividades. Mas a que vamos narrar foi no espaço interno. Mas deixemos registrado que, mesmo aqui, ocorrem muitos jogos de escalas. Mas voltemos para o interior do local. A maior parte dos bebês havia acabado de despertar. Alguns ainda estavam em seu sono ou sonolentos. Ana, já bem desperta, percorria, da sua maneira, os diversos cantos da sala. Ia até um brinquedo, pegava algo, soltava, arrastava-se por entre algumas almofadas. Ia, assim, fazendo suas geografias naquele dia. Um outro bebê, ainda no berço, olhava Ana atentamente. Ele joga por entre as grades um pequeno artefato de borracha e fica à espera. Seu braço curto não permite, da posição que estava, pegá-lo de volta. Ele tenta algumas vezes, mas sem sucesso. Ana movimenta-se até o brinquedo. Os dois em silêncio, assim como no conto de Mia Couto, que abre este artigo, ambos não palavreavam. Apenas se olhavam. Ana pega o brinquedo com uma das mãos, com a outra agarra na grade, esforça-se para ficar em pé. Estica a mão com o brinquedo para a outra criança e apenas diz: – "Tomi". Não é necessário palavrear. O evento diz tudo.

Falamos da vida de Ana e de suas relações com outros bebês e adultos nesse *espaço berçário*, porque ele nos remete a algumas premissas significativas, por onde iremos caminhar: a escala de decisão dos adultos e a escala de vida dos bebês, a escala intercorpórea das relações criadas. Embora o sentir da vida especializada seja de grande significância, reconhecer que a progressão, que a sucessão de tempos no espaço são as principais (e, muitas vezes, as únicas) marcas do humano é algo para o qual temos reservas e sobre o qual gostaríamos de indagar, vez que, cremos, ainda, que deveríamos focar na intensidade concedida dos espaços vividos. Intensidades que rompem, que dobram as tradicionais linhas evolutivas e temporais e se gotejam em vivências impetuosas.

E, para continuar a explicitar essa condição que estamos defendendo, vamos trazer mais alguns registros de nossos encontros cotidianos, em locais de formação, de pesquisas, de trabalhos múltiplos. Embaralhemos muitas vozes.

2. VIOLETA, NATAN, MIGUEL JORGE, HELENA E BEATRIZ, FRANCISCO...

> – Mar...O pai espantou-se de boca e orelha. Ela falara? Deu um pulo e sacudiu os ombros da filha. Vês, tu falas, ela fala! Gritava para que se ouvisse. Disse mar, repetia o pai pelos aposentos. Acorreram os familiares e se debruçaram sobre ela. Mas mais nenhum som entendível se anunciou.
>
> O pai não se conformou. Pensou e repensou e elaborou um plano. Levou a filha para onde havia mar e mar depois do mar. Se havia sido a única palavra que ela articulara em toda sua vida seria, então, no mar que se descortinaria a razão da inabilidade (COUTO, 2013, p. 33-34).

No estado brasileiro onde a história de Ana aconteceu não existe mar, existem, sim, muitos outros elementos que fazem parte das paisagens, configurados em suas multiplicidades de escalas. Ana está aí com outros bebês e, como todos eles, continuemos nossas caminhadas pelas palavras outras. Para isso, mergulhemos em outro mar, na verdade em um rio, cujas águas estão nas lembranças de Massey (2012, p. 218):

> No outono de 1999, operários trabalhando no leito do rio Elba, onde ele começa a se abrir para o mar, em Hamburgo, depararam-se com uma grande rocha maciça arredondada. Foi um acontecimento notável, que se transformou em notícia. A rocha tornou-se popular, e a população de Hamburgo começou a visitá-la. Mas essa famosa moradora da cidade acabou sendo uma imigrante. Errática, empurrada para o sul pelo gelo há milhares de anos e deixada lá quando o gelo se retirou. Não era, de modo algum, uma rocha "local". Ou era? Quanto tempo precisaria estar ali para ser local?

O que nos torna de um local? Apenas o nascer já basta? Há um tempo mínimo definido para esse pertencimento? Falar a linguagem dos que ali habitam resolve? Talvez essas e outras perguntas possam ser importantes, sobretudo em tempos de grandes movimentos humanos no espaço terrestre: refugiados, migrações forçadas, pessoas apatriadas... há muitos vocábulos que precisam a trágica circunstância vivida por muitos! Mas, como já foi dito, nossas questões atingem outras escalas. Olhemos para elas: falemos de bebês e crianças pequenas.

Seria a intercorporeidade a constituição de um lugar e seus pertencimentos? Nas reflexões de Mikhail Bakhtin, filósofo russo que se ocupou da linguagem para compreender a vida, o que chamamos corpo, em seu vivenciamento interior, está ligado indissociavelmente ao reconhecimento de seu valor externo pelo outro e, consequentemente, à aceitação amorosa de nossa imagem exterior (BAKHTIN, 2011). Ocupando-se das condições, na literatura, da composição da imagem de ser humano por um autor, desenvolve a sua reflexão trazendo importantes aportes à nossa discussão.

Diz Bakhtin a respeito da imagem exterior de nosso corpo, amorosamente afirmada:

> [...] tal reconhecimento me chega de cima como um dom concedido pelos outros, uma felicidade que não pode ser interiormente fundamentada e compreendida; só é possível ter certeza desse valor, e é impossível um vivenciamento intuitivo-evidente do valor externo do meu próprio corpo, e eu posso apenas alimentar a pretensão a esse valor (BAKHTIN, 2011, p. 46).

Se retornarmos à citação supramencionada de Milton Santos (2006), ainda na escuta desse enunciado bakhtiniano, veremos que testemunham o mesmo sentido: os lugares são expressão atual de experiências e eventos, passados e futuros, pois sua modificação, historicidade, ou seja, os sentidos temporais de constituição desses lugares advêm das relações que vivenciam com o outro. Espaço que é, ao mesmo tempo, passado, presente e futuro, o corpo é, ele mesmo, esculpido, no dizer de Bakhtin, pelo valor das relações com o outro.

É profundamente importante compreender que o corpo é uma materialidade humana que se constrói nas relações sociais, em um ativo vivenciamento relacional, já que superamos há muito as visões subjetivistas e objetivistas relacionadas à formação humana. Para Bakhtin, o importante é o corpo como, simultaneamente, autovivenciamento e imagem externa, como eu-para-mim em relação indissociável com o eu-para-o-outro, na relação com o outro-para-mim, arquitetônica tríplice do ato responsável, momento da constituição do ser humano e do mundo, na linguagem (BAKHTIN, 2010).

É, antes de tudo, na relação com as pessoas que se entrelaçam em sua cotidianeidade (o/a outro/a), que o bebê reconhece a si como um corpo existente. Diz Bakhtin (2010, p. 46) que "os diversos atos de atenção, amor e reconhecimento do meu valor a mim dispensados por outras pessoas e disseminados em minha vida como que esculpiram para mim o valor plástico de meu corpo exterior". É no toque, no beijo e no abraço do cuidar que se enformam as definições de si, por parte do bebê. Assim define Bakhtin esse processo carregado de valor:

> Dos lábios delas [aqui ele faz referência às mães], no tom volitivo-emocional do seu amor, a criança ouve e começa a reconhecer o seu *nome*, a denominação de todos os elementos relacionados ao seu corpo e às vivências e estados interiores; são palavras de pessoa que ama as primeiras palavras sobre ela, as mais autorizadas, que pela primeira vez lhe determinam de fora a personalidade e vão ao encontro da sua própria e obscura autossensação interior, dando-lhe forma e nome em que pela primeira vez ela toma consciência de si e se localiza como *algo* (BAKHTIN, 2011, p. 46).

São enformados em amor os primeiros movimentos e poses. Bakhtin diz que a criança se vê inicialmente pelos olhos exteriores, e o valor aí presente permanece como qualidade inerente do autovivenciamento. Podemos dizer que o corpo humano é enformado axiologicamente pelo corpo dos outros, de suas relações, da pessoa em si e para de dentro de si, de volta para o mundo. Ao criar no corpo um lugar que é forma e história, axiologicamente afirmado, forjam-se geografias íntimas que se encontram com as topografias corpóreas. Fronteiras.

É esse amor de outro corpo que forma o ser humano enquanto corpo interior. Podemos dizer que o espaço onde toma cena todo esse jogo amoroso é intercorpóreo, ou seja, é a escala da criação do mundo de cada ser humano singular.

Bakhtin escreveu essas palavras há noventa anos, em uma Rússia onde as crianças permaneciam com suas mães nos primeiros anos de suas vidas. Hoje falamos de uma realidade social em que os *espaçotempos* das infâncias são constituídos por outras relações, incluindo-se aqui a Educação Infantil. Neste texto, especificamente, o *espaçotempo* do berçário como lugar de formação humana — bebês e professoras em elos discursivos intercorpóreos. Reconhecemos a infinidade de diferenças que se estabelecem nas relações de cuidar e educar, desde as múltiplas constituições familiares às redes ampliadas de cuidadores, entre outros.

Aqui, neste momento, precisamos sublinhar que os eventos e as experiências no berçário serão determinantes para o sentido que a formação ali tomará. Enformar os corpos significa, no entendimento de Bakhtin (2011), o delineamento intercorpóreo do corpo interior — que ele chama de *a carne pesada* —, ou seja, a formação da visão de si que é gestada no abraço do outro, com todas as tonalidades volitivo-afetivas do amor do outro.

Podemos dizer, com Bakhtin, que é o valor que o outro tem sobre o corpo do bebê que tece, no toque e na voz, a carne pesada do corpo humano, ou seja, a visão sobre si, que, desde o princípio, é axiologicamente orientada. Em suma, são as relações vividas intercorporeamente, nos primeiros anos da vida do ser humano, que enformam o corpo como resultado aberto e inconcluso das experiências humanas vividas, que criam, portanto, esse lugar que chamamos corpo humano — em seu vivenciamento interno, em seu reconhecimento externo e, portanto, em sua visão de mundo e do outro. Daí a justificativa para pensarmos de modo crítico as vivências intercorpóreas que tomam cena nos *espaçotempos* educacionais.

E nessas premissas evocamos a escala. A produção dos espaços para os bebês, os quais, muitas vezes, gestados em gabinetes, guardam muitas lógicas espaciais, muitas concepções de desenvolvimento humano, liames entre campos de conhecimentos que fazem da infância um território em constante disputa. Reconhecemos a importância dessas questões, mas convocamos o olhar para outras relações escalares, relações intercopóreas que inventam o espaço dado, que colocam em mesma face esse *euoutro*.

Lembremos sempre: os espaços dos berçários não são meras bases físicas onde ocorrem processos de maturações biológicas, mas intensidades de relações vividas, corpos de tamanhos diferenciados, objetos diversos, signos constantes, notas do viver. Anotações em existir. A própria mobilidade dos bebês, muitas vezes percebida apenas como frutos de uma biologização individual, está constantemente geografizada: nos colos e braços, que carregam as histórias de cada um, no cansaço do corpo acolhido em outro corpo, na felicidade, nas alegrias, nas tristezas e muitos sentimentos que por aí são pungentes.

Vigotski (2010) felicitou-nos com o conceito de vivência (*perejivanie* na grafia original russa), tema central da teoria histórico-cultural, promovendo o desenvolvimento como um drama. Sua acepção de pensar tornar-se humano nos aproxima do que é transformado, envolvendo, ao mesmo tempo, algo que nasce e morre. O drama em sua estrutura apresenta constantemente duas sensações, além dessas: a de certa norma e a potência de sua violação (VIGOTSKI, 1999).

Assim, pensar em espaços de acolhida para os bebês, como os berçários, e trazer a vivência intercorpórea identifica-se com a oferta de um espaço que favoreça essas possibilidades de acontecimentos, um local para suas enunciações, lócus de tramas e dramas, entreatos de encontros.

Recordemos uma pesquisa realizada numa escola em Niterói-RJ (PEREIRA, 2018), em que se desenvolveu uma possibilidade estética a partir do teatro, assumindo a participação dos bebês enquanto protagonistas e espectadores de suas enunciações, com eles.

Trazemos aqui a narrativa do último dia de pesquisa realizada na sala do Infantil 2. Optamos por uma cenografia que ofertasse um meio diferente daqueles que os bebês já conheciam, sem esconder os objetos da sala (Figuras 1, 2, 3 e 4) esteticamente elaborado para um cronotopo (BAKHTIN, 2014) de vivências brincantes. Nesse encontro, os arranjos estéticos foram pensados em função das vivências nos encontros anteriores. Isso porque, à medida que realizávamos as atividades, tornava-se fundamental acrescentarmos elementos na cenografia, desde a forma de distribuição dos tecidos à iluminação. A sala estava disponibilizada a partir das 13 horas, tínhamos 1 hora e 30 minutos para realizar a montagem.

A descrição dos eventos evidencia que a escala do pensar o espaço é transformada pelas vivências autorais infantis. O espaço e o tempo não estão descolados dos acontecimentos.

Teatro com bebês, sexto encontro, 30 de agosto de 2017, quarta-feira, ocorrido entre 15h30min e 16h10min[4]

Dividimos a sala do Infantil 2 com o algodão cru. Montamos de tal forma que a parede de tecido se estendia pelo chão da sala, demarcando as fronteiras de nossa atividade. Nas paredes ao lado, montamos, a partir do teto, um tecido de voal preto, estendendo-o para os dois lados, fazendo arranjos que deixaram as paredes da sala com um formato de caixa cênica (Figuras 1, 2, 3 e 4). Compunham o cenário uma mala verde, com os adereços cênicos, e um bandolim, dentro da capa de pano, cobertos por um xale preto e cinza. Eu, Luiz Miguel, estava ali, para dar início às atividades. Meu figurino consistia em: calça thai verde, uma bata indiana branca e meias. Sem maquiagem.

[4] Nesta parte, em diversos momentos, a narrativa do texto passa para a primeira pessoa do singular, para fazer referência ao movimento de descrição da atividade que faz parte da tese de doutorado de um dos autores: PEREIRA, 2018.

Figura 1– Porta de entrada

Fonte: LOPES, 2018.

Figura 2 – Cenário montado dividindo a sala

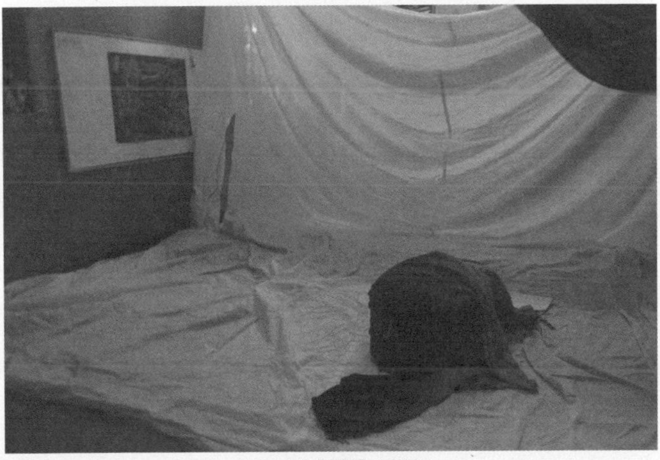

Fonte: LOPES, 2018.

Figura 3 – O lado direito

Fonte: LOPES, 2018.

Figura 4 – O teto da sala

Fonte: LOPES, 2018.

Nosso encontro se iniciou com seis bebês: Natan, Miguel Jorge, Helena, Beatriz, Francisco e Violeta,[5] que desejou participar. Avisei para a professora auxiliar que, quando eles estivessem prontos, poderiam entrar e deixei a porta aberta, aguardando-os. A professora fez as filmagens. A idade desse grupo, no dia da atividade, variava entre 1,9 meses e 2, 3 meses.

Miguel Jorge e Natan entraram sorrindo; Francisco apareceu na porta junto com Beatriz.

— *Boa tarde! Vamos começar o nosso teatro?* — falei enquanto entrava Helena falando e sorrindo.

— **IAAELAQUI** — falou Francisco, olhando para a sala e para mim.

— *Vamos começar o nosso teatro, vamos? Claudinha vai ajudar a gente* — repeti sorrindo para eles.

— **GENTE?** — perguntou Francisco, ao que eu assenti.

Figura 5 - Inicio da narrativa e Beatriz

Fonte: LOPES, 2018.

As crianças passeavam pelo cenário. Passei a filmadora para a professora auxiliar que ainda permanecia em pé e fora do local em que ficaria sentada, como fora anteriormente combinado.

[5] Esta pesquisa teve parecer aprovado nº 2.574.705 e CAAE nº 81164817.3.0000.5243. As atividades foram filmadas e posteriormente transcritas. Optamos, ao escrever a narrativa, por diferenciar as falas dos bebês, que estão em negrito, das de Luiz Miguel, adulto, que estão em itálico. Nesse encontro, tivemos, novamente, a presença de Violeta, que já participara de encontro anterior e, por ter saído da escola, não teria a autorização para a pesquisa. Assim sendo, suas aparições nas fotos foram desfocadas.

— *Vamos contar uma história heeee!* — falei alegremente com as crianças, chamando sua atenção para o início de nossas atividades.

— **TÓRIA** — falou Miguel Jorge, batendo com as duas mãos na mala ainda fechada.

Violeta e Natan dirigiram-se para perto de mim e da mala e ficaram aguardando (Figura 5). Enquanto isso, Beatriz, num gesto espontâneo de cuidado e carinho, vendo a professora em pé, pegou a cadeira, levando-a para que ela se sentasse. Eu e Claudinha agradecemos. Beatriz, Francisco e Helena ficaram em pé. Comecei a fazer a narrativa da primeira parte de um texto designado: "Coisas inservíveis e as crianças".[6]

Nesse momento, parei a narrativa, devido à minha percepção, talvez equivocada, de que as crianças estivessem sem interesse.

— *É por isso que vou abrir*, apontando para a mala, e continuei — *tem um monte de coisas aqui que as pessoas enjoaram e aí a gente vai brincar com essas coisas. Miguel, me ajuda a abrir a mala.*

Violeta chegou primeiro, abriu até a metade a mala e Miguel abriu o restante. A pressa não deve fazer parte dessa atividade, vez que pode romper com a ansiedade e a pressa é uma condição considerada importante para a vivência dos e com os bebês. Há diferentes tempos que estão em tentativas de diálogos.

Figura 6 – Mostrando o cesto dos desejos

Fonte: LOPES, 2018.

[6] A história que foi contada tem sua versão animada e disponível de forma aberta em: https://www.youtube.com/watch?v=56RNhFuySfU.

Finalmente, abrimos o zíper da mala e apareceram as coisas.

— *Um monte de coisas!* — falei, pegando o cesto de desejos e dizendo: — *aqui tem os sonhos* (Figura 6).

As crianças olharam com atenção para o pequeno cesto de palha em minhas mãos.

— *Temos que ter cuidado, senão eles vão embora.*

Abri e fechei rapidamente a tampa do cesto. Natan interessou-se pelo cesto e pegou-o. De dentro da mala, peguei um olho desenhado na madeira, coloquei-o em minha testa e falei:

— *O olho.*

Dirigi-me para todos eles fazendo movimentos suaves e, no final, falei:

— *Esse olho tá olhando pra quem? Pro Francisco.*

Beatriz dirigiu-se para pegar o olho e entreguei-o para ela. Imediatamente, ela levou o olho para seu rosto, imitando minha ação anterior. As crianças olhavam para o seu movimento com certa curiosidade.

Retirei da mala uma joia, um cordão de pérolas amarelas, coloquei-o em torno do meu pescoço, dizendo:

— *Que bonito! Quem quer brincar?*

— **EEEEEU** — gritou Francisco.

Entreguei-lhe o colar, tentei colocá-lo nele, mas ele se recusou.

— *Não quer? Então dê para Helena.*

Ele ofereceu-o para Helena, que aceitou.

Peguei, dentro da mala, uma panela muito usada com laços de fita de Nosso Senhor do Bonfim.

— *Aqui uma panela do Menino Maluquinho* — falei, colocando a panela na cabeça.

Retirei a panela da cabeça e apresentei-a como uma panela no fogão. Francisco imediatamente fala:

— **PAPÁ**.

Entreguei-lhe a panela e ele continua:

— **AIIPAAPÁ.**

Enquanto isso, Beatriz pegou uma pequena alfaia da mala e saiu silenciosa. Miguel Jorge pegou um candeeiro, dizendo:

— **A LUIZ**.

— *A luz! Aperte aqui que acende.*

Imediatamente, ele atendeu à minha sugestão. Beatriz pegou dois bonecos espantalhos e ficou com eles. Retirei uma bucha natural grande de dentro da mala, apresentando-a para Violeta, Francisco e Helena.

— **A BUCHA** — repetiu Francisco três vezes.

Violeta riu alto daquela cena. Continuei retirando um boneco branco de tecido. Francisco ficou dizendo:

— **É MINHA.**

Beatriz voltou para perto de mala e retirou uma boneca andina.

— *Uma boneca.*

Em seguida, retirei uma pena de arara azul e passei-a em Violeta, que riu. Delicadamente, passei-a também em todos eles, que riram descontraidamente.

Peguei um pneu de dentro da mala e perguntei para o Miguel Jorge:

— *Isso aqui é o quê?*

Ele, efusivamente, respondeu:

— **PAPÁ, PAPÁ, PAPÁ, PAPÁ.**

Retirei um chifre de boi que um dia já fora um berrante.

— *E isso aqui?* — perguntei, colocando o chifre na cabeça — é *um boi, é a vaca!*

Coloquei-o na boca e produzi o som do berrante (Figura 7). As crianças estavam muito interessadas no que estava acontecendo. Francisco, sempre segurando um objeto, Violeta e Helena, do lado da mala, atentos a tudo. Do outro lado, Natan e Miguel Jorge, também interessados e segurando os objetos de seus interesses, e Beatriz buscando, dentro da mala, seus interesses.

Natan interessou-se pelo chifre de boi. Francisco repetia:

— **É O BOI, É A VACA.**

Natan queria aprender a emitir som pelo chifre de boi. Ensinei-lhe, mas ele se desinteressou em seguida. Peguei dentro da mala um caleidoscópio antigo que eu tinha consertado para mostrar para as crianças.

— *Isso daqui é uma coisa linda!* — falei, pondo no olho de Helena para ela enxergar a beleza das formas coloridas (Figura 7), o que gerou interesse imediato em quase todos.

Em seguida, mostrei para Miguel Jorge.

— *Aqui, Miguel, olha lá dentro.*

Passei, então, para Natan. Beatriz também se interessou e, de fato, viu. Ela ficou olhando para Claudinha durante um longo tempo como que afirmando que realmente vira. Em seguida, retirei uma máquina fotográfica sem pilhas.

— *Uma máquina, para tirar fotos.*

Figura 7 - As crianças brincando - o caleidoscópio

Fonte: LOPES, 2018.

Enquanto isso, Beatriz encontrou uma pedra preciosa de esmeralda e, como mágica, ficou com ela na mão. Francisco pegou uma bola de festa semimurcha, dizendo:

— **ABOLA**.

— *Aqui tem as caixas para brincar* — continuei.

Apresentei as caixas já destampadas por eles e Helena pegou uma caixa pequena. Continuei distribuindo as caixas para os que se haviam se interessado. Francisco continuava falando:

— **BOLA, BOLA**!

Peguei um colar de barro, deixando-o com Miguel Jorge. Depois dessa cena de mostrar os objetos, entregá-los às crianças interessadas, falei:

— *Agora a gente vai brincar com esses objetos.*

Ao perceber que Natan se interessara pelo caleidoscópio, expliquei-lhe:

— *Tem que botar no olho e ir girando.*

Mostrei para Violeta, que gritou ao perceber as cores e o reflexo dentro do caleidoscópio.

— *Não é bonito? Tem que botar pertinho do olho* — falei, mostrando para Helena.

As demais crianças estavam envolvidas com os objetos que haviam despertado curiosidades. Sem disputa, sem andar pela sala, permaneciam sentadas em torno de mim e da mala, enquanto criavam possibilidades imaginativas. A relação que elas tinham com cada uma daquelas coisas que, para o mundo cotidiano do adulto, não têm serventia, era encarnada nas mãos das crianças com outro signo. Francisco descobriu a sineta e começou a tocar, anunciando o segundo ato do nosso encontro. Foi um encantamento observar as crianças rindo, pronunciando algumas palavras que se confundiam com o som que elas produziam com os objetos.

Peguei o berrante e emiti um som forte e contínuo. Francisco levantou-se.

— **VAI, VAI** — dizia ele, colocando o rosto quase dentro da boca do berrante.

Depois que repeti o som algumas vezes, falei:

— *Esse aqui é o boi.*

— *Esse monte de coisas que os adultos não acham graça nenhuma, a gente acha. A gente brinca, se diverte, inventa estórias* (Figura 8) — prossegui, deixando de lado a mala.

Figura 8 – Com o chifre de boi

Fonte: LOPES, 2018.

Violeta não se interessara por nenhum objeto até aquele momento. Achei, no meio das coisas, uma folha de madeira e falei:

— *Uma folha.*

Miguel Jorge repetiu:

— **A FOLHA**.

Francisco, pegando a máquina e imitando Claudinha, que estava filmando, falou:

— **FOTO**.

As crianças estavam dialogando comigo, algumas identificando os objetos com a fala e as demais mantendo íntima afeição com cada objeto presente na cena. Peguei uma cuia de coco seco com buraco no meio e emiti um som como um mantra:

— *Ooooooommmm*!

Beatriz pegou outra cuia de coco e colocou-a na boca para repetir o som. Miguel Jorge estava com o pneu na mão falando:

— **BIBIPÁPÁ**.

Helena, silenciosa, com o candeeiro aceso, permanecia olhando para a luz como que hipnotizada; Natan estava interessado nas fitas do Senhor do Bonfim amarradas no cabo da panela; Beatriz, com a boneca andina e as caixas; e Violeta, que observava aquele momento como absolutamente novo. Beatriz começou a guardar alguns objetos dentro da mala. Peguei a boneca andina e falei para Violeta:

— *Essa boneca está passeando por aqui com a gente.*

E a boneca falou para Violeta:

— *Tudo bem com você?*

Ela reagiu com a bola de festa semimurcha na mão.

— *Ótimo, que bom* — repeti o texto, depois fazendo-o com Natan, Helena, Beatriz.

Em seguida, guardei a boneca na mala.

— *E tem também aqui um instrumento.*

Retirei a capa do bandolim. Comecei a tocar as cordas que estavam desafinadas. Beatriz falou:

— **QUETOCAR**.

Natan tinha o mesmo interesse, mas Beatriz foi mais rápida e segurou o bandolim do seu jeito.

Todas as crianças se envolveram naquela cena. Depois de um tempo, Beatriz devolveu-me o bandolim falando:

— **COMO?**

Mostrei-lhe como colocar os dedos nas cordas e ela me devolveu. Miguel Jorge falou:

— **MIDÁ**.

— *Deixa eu tocar um pouquinho só.*

Mostrei para Beatriz como funcionava e em seguida entreguei para Miguel Jorge. Beatriz continuou guardando os objetos na mala; Helena brincava com o colar de pérolas; Violeta, com a bola de festa azul murcha; Natan, que não conseguira pegar o bandolim, estava entre a mala e o meu colo; enquanto Francisco passeava com a máquina fotográfica. Voltei a tocar nas cordas desafinadas do bandolim, deixando-o ao lado com Miguel Jorge, que passava os dedos nas cordas.

— **QUETOCA** — disparou Francisco, repetindo várias vezes.

— *Miguel Jorge, deixe ele tocar um pouquinho.*

— Miguel entregou o bandolim para Francisco sorrindo, protagonizando uma cena de entendimento com poesia (Figura 9).

Figura 9 – Francisco e o bandolim

Fonte: LOPES, 2018.

Francisco pousou o bandolim no chão, passou os dedos pelas cordas e interessou-se novamente pela máquina fotográfica. As demais crianças se levantaram, cada uma com um ou dois objetos. Estavam concentradas e conversavam baixinho consigo mesmas. Viviam aqueles objetos em seus tempos, geografias íntimas de encontros com artefatos. Miguel Jorge voltou a se interessar pelo bandolim e falou:

— **É MINHA.**

— *É nosso, é de todos nós.*

— **É MINHA, É MINHA** — ele repetia.

Nesse momento, sugeri a Francisco que procurasse outras coisas para brincar, dizendo-lhe que havia muitas opções. Ele escolheu a alfaia. Helena descobriu o caleidoscópio. Miguel Jorge, pegando o bandolim, cantava:

— **NANANENÉM** — repetia cantando.

As crianças passeavam pelo cenário estabelecendo relação com cada objeto que encontravam, com suas conversas quase silenciosas. Foi um momento de liberdade, de criação e alegria. Descobriram a estante atrás do cenário e a alegria com gritos foi enunciada. O jogo cênico foi para trás do cenário com suas enunciações de contentamento. Houve adesão de todos. Os objetos da sala que estavam na estante atrás do cenário geraram interesse (Figuras 10, 11 e 12).

Figuras 10, 11 e 12 – O outro lado do cenário, a estante atrás do cenário

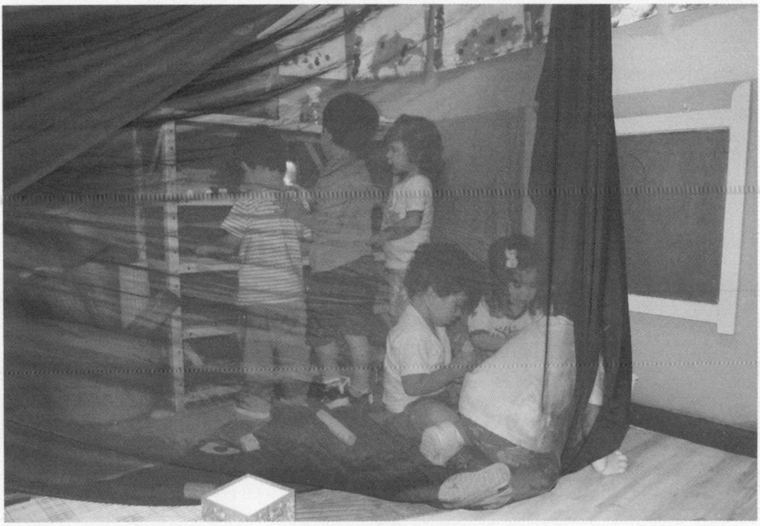

Fonte: LOPES, 2018.

Chamei as crianças para ajudarem a guardar na mala os objetos. Beatriz e Helena vieram ajudar.

— *Vamos guardar e desmontar, olha como é bacana desmontar.*

O tecido voal que cobria a parede se desprendeu dos pregadores de roupa e foi ao chão. As crianças riram daquela situação. Assim, o cenário que ficou foi apenas o que estava amarrado no centro da sala no alto, deixando o tecido pendurado. Aproveitei, então, para cobri-los com o tecido, o que muito os divertiu.

A exploração do espaço foi muito excitante. Natan, iluminando o caminho com o candeeiro, qual eremita que guiava a todos, protagonizava uma cena muito poética (Figura 13).

Figura 13 – Natan iluminando o caminho

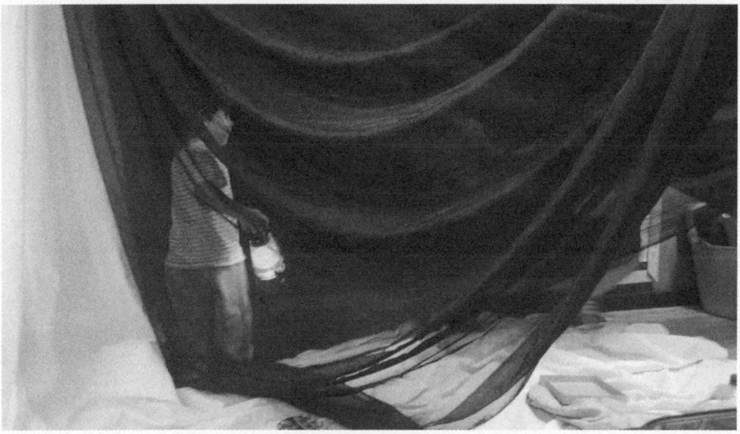

Fonte: LOPES, 2018.

Agradeci a presença da professora, das crianças. Percebi que a parte mais alegre ocorrera depois do final da atividade propriamente dita. O tecido do cenário pendurado no centro da sala despertou muita alegria em Francisco, Natan e Miguel Jorge, criando um momento de uma entrega plena (Figuras 14 e 15).

Figura 14 – Brincadeira no tecido do cenário

Fonte: LOPES, 2018.

Figura 15 – Francisco, Natan e Miguel Jorge rindo

Fonte: LOPES, 2018.

A professora chamou as crianças. Fiquei sozinho na sala (Figura 16), refletindo sobre aquela vivência. Mudei o figurino, desmontei e guardei o cenário, entreguei a sala conforme a havia recebido, despedi-me das crianças e das professoras e saí, puxando duas malas pelo caminho que leva até o portão da entrada da escola onde tudo havia ocorrido.

Figura 16 – Depois do final

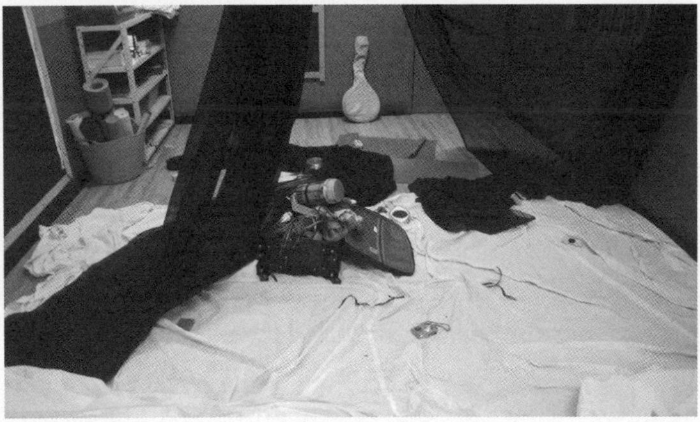

Fonte: LOPES, 2018.

3. DENILSON

> [...] A menina chegou àquele azulão e seu peito se definhou. Sentou-se na areia, joelhos interferindo na paisagem. E lágrimas interferindo nos joelhos. O mundo que ela pretendera infinito era, afinal, pequeno? Ali ficou simulando pedra, sem som nem tom. O pai pedia que ela voltasse, era preciso regressarem, o mar subia em ameaça (COUTO, 2013, p. 34).

Propomos, neste artigo, algumas reflexões sobre o planejamento dos espaços dos berçários nas creches, a partir de alguns arranjos espaciais que dialogam com o conceito de cenário teatral, com base numa estética oriunda do mundo da história da arte, promovendo, a partir do planejamento, mudanças de narrativas, possibilitando um espaço formador de um corpotexto de bebês, enunciando-se num cronotopo que se renova e propõe outras formas de pensar o espaço dos berçários no contexto da educação.

Na historiografia das creches, no espaço destinado aos berçários, encontramos uma aproximação com a residência do bebê, ou seja: berço (alguns com mosquiteiro), paredes pintadas com cores suaves, alguns brinquedos, banheiro com pia e chuveiro, iluminação com lâmpadas frias, armário, entre outros móveis, dependendo, evidentemente, das condições econômicas das famílias. Essa aproximação é também revelada nas relações afetivas historicamente desenvolvidas pelas professoras e auxiliares de creche na relação com os bebês.

Entendemos, sobretudo a partir da LDB/96, que o debate da unidade constituída entre o cuidar e o educar ainda não está amplamente institucionalizado. Daí a recorrência ao tema nas faculdades de Pedagogia, na formação de professoras/es, nas unidades de Educação Infantil que se refletem na organização espacial, na maioria das vezes, vinculadas às práticas dos principais cuidados, higienização, alimentação e repouso dos bebês. As atividades desenvolvidas com os bebês, em alguns casos, ocupam os murais fixos ou móveis nas paredes dentro e fora dos berçários. Não estamos aqui desassociando o cuidar da prática educativa, estamos, sim, propondo um alargamento dessa perspectiva a partir de um movimento estético que possibilite outras reflexões sobre os espaços dos berçários.

Essa proposta interdisciplinar no espaço do berçário requer investimentos tanto em formação de professoras/es, quanto em recursos financeiros. É andar na contramão numa perspectiva do momento histórico que estamos vivenciando. Um dos movimentos formativos se vincula ao debate sobre os processos de formação de professoras/es da Educação Infantil com inspiração nos estudos pós-estruturais e pós-coloniais, na contribuição das artes visuais, do teatro, da música, da dança que irão corroborar para um planejamento em que os bebês possam, a partir da oferta estética no espaço do berçário, ter outras possibilidades de vivências.

Queríamos expressar neste texto (e em diversos outros que já escrevemos) a condição geográfica dos seres humanos e também de bebês, uma condição que nos forja nos limites da vida que se desenvolve no encontro de muitas histórias e também de diversas geografias. Diversas geografias que se manifestam a partir de paisagens que se erguem na superfície terrestre, de territórios que se produzem em relações econômicas, políticas e sociais, em lugares e em muitas outras linguagens espaciais. Contornos de ser e estar no espaço que tecem as narrativas existenciais.

Para isso, começamos com a geografia pessoal de Ana, mas também narramos e geografizamos por outras. Para finalizar, gostaríamos de estar com Denilson, também um bebê de uma instituição pública de uma cidade do interior do Brasil.

UMA (OUTRA) PEQUENA HISTÓRIA

Denilson chega a este local diariamente em torno das 8:00h da manhã. Sua mãe, uma mulher brasileira, trabalhadora, como milhares de outras neste país, confia nesse local e nas pessoas que ali também fazem de suas ações a rotina de seus trabalhos. Ana não está sozinha, muitos outros bebês e crianças estão com ela. O dia é cheio de coisas para se fazer. Como diz uma das coordenadoras, além das alimentações, das trocas constantes de fraldas, dos banhos, dos momentos de sono e repouso, histórias são narradas, há diversos momentos de brincar, tanto no espaço interior quanto no pátio externo. A região onde essa história aconteceu tem muitos morros. E a creche em questão está situada em um deles. Para chegar lá, tem que subir ou descer, claro, dependendo de onde se vem. Em seu interior, os morros, com seus aclives e declives, também se fazem presentes. Essa marca topográfica cria um terreno singular, com dois platôs que se interligam por um caminho. Nesse platô, acontecem muitas atividades. Mas a que vamos narrar foi no espaço interno. Mas deixemos registrado que, mesmo aqui, ocorrem muitos jogos de escalas.

Mas voltemos para o interior do local. A maior parte dos bebês havia acabado de despertar. Alguns ainda estavam em seu sono ou sonolentos. Denilson era um desses. De seu berço, observava Ana, que, já bem desperta, percorria, da sua maneira, os diversos cantos da sala. Ia até um brinquedo, pegava algo, soltava, arrastava-se por entre algumas almofadas. Denilson estava apenas com um brinquedo de borracha no berço, em volta dele um pequeno travesseiro e a manta que se apertava no canto do berço. Assim como Ana, ali, ele ia, assim, fazendo suas geografias naquele dia. Ele pega o brinquedo de borracha, passa os braços entre as grades e deixa o artefato cair. Fica à espera. Às vezes estica seu braço na tentativa de pegar. Ele tenta algumas vezes, mas sem sucesso. Ana movimenta-se até o brinquedo. Os dois em silêncio, não palavream. Apenas se olham. Ana pega o brinquedo com uma das mãos, com a outra agarra na grade, esforça-se para ficar em pé. Estica a mão com o brinquedo para a outra criança e apenas diz:

— "Tomi".

Denilson ri.

REFERÊNCIAS

ARANTES, A. A. (Org.). *O espaço da diferença*. Campinas: Papirus, 2000.

BAKHTIN, M. *Estética da criação verbal*. São Paulo: Martins Fontes, 2011.

BAKHTIN, M. *Para uma filosofia do ato responsável*. Trad. Valdemir Miotello e Carlos Alberto Faraco. São Carlos: Pedro & João Editores, 2010.

BAKHTIN, M. *Questões de literatura e de estética*: a Teoria do Romance. 7. ed. São Paulo: HUCITEC, 2014.

COUTO, M. *A menina sem palavra* – histórias de Mia Couto. São Paulo: Boa Companhia, 2013.

HARVEY, D. *Paris* – Capital de modernidade. São Paulo: Boitempo, 2015.

LACOSTE, Y. *A Geografia* – Isso serve, em primeiro lugar, para fazer a guerra. São Paulo: Papirus, 1988.

LOPES, J. J. M. "As formigas também saem para passear": por uma escala das crianças e suas vivências espaciais. *In*: CHAIGAR, V. *et al*. *A cidade, as crianças e os animais*. Curitiba: Appris, 2018.

MASSEY, D. *Pelo espaço*: uma nova política da espacialidade. 3. ed. Rio de Janeiro: Bertrand Brasil, 2012.

PEREIRA, L. M. *Teatro com bebês, enunciações e vivências*: encontros da arte com a vida. Tese (Doutorado em Educação) Universidade Federal Fluminense, Niterói, 2018.

PEREIRA, L. M. *Teatro com bebês, estreia de olhares*. Dissertação (Mestrado em Educação) Universidade Federal Fluminense, Niterói, 2014.

SANTOS, M. *A natureza do espaço*: técnica e tempo, razão e emoção. 4. ed. 2. reimpr. São Paulo: Ed. Universidade de São Paulo, 2006.

TEBET, Gabriela Guarnieri de Campos. *Isto não é uma criança!* Teorias e métodos para o estudo de bebês nas distintas abordagens da sociologia da infância de língua inglesa. Tese (Doutorado em Educação) – Centro de Educação e Ciências Humanas, Universidade Federal de São Carlos, São Carlos, 2013. Disponível em: https://repositorio.ufscar.br/handle/ufscar/2307. Acesso em: 14 ago. 2020.

VIGOTSKI, L. S. *Psicologia da Arte*. São Paulo: Martins Fontes, 1999.

VIGOTSKI, L. S. Quarta aula: a questão do meio na pedologia. *Psicologia*. USP [online]. 2010, v. 21, n. 4, pp. 681-701.Disponível em: https://www.scielo.br/scielo.php?script=sci_arttext&pid=S0103-65642010000400003. Acesso em: 14 ago. 2020.

CUIDAR-EDUCAR E O PROTAGONISMO INFANTIL NO BERÇÁRIO

Isabella Carolina R. Araújo Pêsso
Magali Reis

INTRODUÇÃO

Neste capítulo, apresentamos um recorte dos estudos empreendidos a partir de pesquisa de campo, realizada em uma Escola Municipal de Educação Infantil situada em Belo Horizonte - Minas Gerais, cujo objetivo foi analisar a socialização e interação dos bebês de 0 a 18 meses, em ambiente coletivo. Buscamos refletir sobre o protagonismo dos bebês em seu processo de socialização em espaço coletivo e construção de experiências significativas, tomando como cerne da discussão o caráter indissociável entre educar e cuidar nos primeiros anos da educação das crianças pequenininhas, mais precisamente nos berçários, espaços esses essenciais para o desenvolvimento integral e unidimensional delas e complementar à ação da família.

Compreendemos as crianças pequenininhas, isto é, os bebês, como sujeitos sociais plenos, protagonistas de suas histórias, capazes de afetar e serem afetadas pelo meio social no qual vivenciam sua infância. Na escola da infância, recebem cuidados específicos, diferentes dos cuidados demarcados em outros níveis da educação; concomitantemente, adquirem experiências significativas em contextos em que suas linguagens são consideradas e respeitadas, bem como suas capacidades individuais. Consideramos que é evidente que os bebês possuem necessidades básicas que precisam ser atendidas por outrem. Cuidar na educação não é apenas cuidar do corpo, envolve pensar, planejar, organizar e conhecer. A professora[1] de bebês precisa atrelar todas essas funções. Muito além do cuidar-educar partindo do desejo de um adulto que tudo sabe para um bebê que nada sabe, o que buscamos é mostrar que os bebês possuem um saber que deve ser respeitado, esperamos que a criança seja o ponto de partida para sua própria aprendizagem.

A INDISSOCIABILIDADE CUIDAR-EDUCAR NA EDUCAÇÃO INFANTIL

Ao analisarmos a educação de bebês, é imperativa a abordagem de um jeito diferente de educar, comparativamente aos demais níveis de ensino, uma vez que os cuidados corporais e a relação corpo a corpo entre bebês e profissionais é uma marca importante desta fase da vida das crianças. No entanto, algumas questões se colocam às profissionais e às gestoras da creche, tais como: o que é cuidar? Como o cuidado se insere em um projeto educativo e emancipatório? Como preparar os adultos e as crianças para as demandas de cuidado e educação?

Ao buscarmos respostas a essas indagações, recorremos à filosofia, e em particular à ética do cuidado, para compreendermos esse fenômeno educativo imperioso na vida dos bebês humanos, que necessitam de ações mais efetivas de adultos para garantirem a sua sobrevivência. Tomamos a etimologia do termo cuidado para compreendermos sua gênese e os desdobramentos do ato de cuidar na sociedade contemporânea. O termo cuidado origina-se do latim *cogitātu-*, e designa reflexão, pensamento; indica, também, atenção e cautela, ou ainda precaução.

A polissemia do termo cuidar situa-se na ampla e diversificada utilização do verbo em distintos contextos, para designar ações como a de cuidar de um doente, cuidar da própria existência e das coisas que nos cercam, ou indicar cuidado com os afetos e com as afecções humanas, ou seja, as formas pelas quais afetamos e somos afetados pelos outros. Em sentido *lato*, cuidar é verbo transitivo e significa, meditar, cogitar, julgar, supor, deter a atenção em algo ou alguém, e o que nos interessa neste estudo é a designação de pensamento e imaginação.

---

[1] Utilizaremos, neste estudo, a designação professora para nos referir às profissionais de Educação Infantil, por serem, em sua maioria, profissionais de gênero feminino, reconhecendo, contudo, a presença masculina, embora em menor número.

Nas sociedades ocidentais, o ato de cuidar é frequentemente associado à ideia de cura, ou seja, como um conjunto de procedimentos e ações sanitárias relativas à medicina, e mais especificamente à enfermagem. Há também os cuidados básicos com higiene e limpeza, ou mesmo com a alimentação, inscritos nas práticas culturais associadas, via de regra, com funções e atividades de gênero feminino. Dito de outro modo, na sociedade patriarcal, o cuidado com o outro, com o ambiente é associado à figura da mulher.

Essa associação feminina do ato de cuidar diz respeito ao lugar social que as mulheres ocupam, são elas as mães, as tias, as avós, as enfermeiras, as professoras de crianças pequenas, as faxineiras, as babás, que se detêm nas atividades de cozinhar, limpar o ambiente, trocar as fraldas, limpar os fluidos corporais dos mais novos, recolher o lixo, ou seja, o ato de cuidar está relacionado ao curvar-se, ao abaixar-se, ao sujar-se enquanto limpa, ações pouco identificadas com o gênero masculino.

Cuidar é um ato, em certa medida, desvalorizado na sociedade contemporânea, o que conduz à ideia de que se trata de uma atividade de menor valor, com menor necessidade de conhecimentos específicos, uma vez que se reproduzem práticas antigas, supostamente sem a necessidade de reflexão, culminando na ideia de menor valia do trabalho nele implícito.

No entanto, ao tomarmos o sentido estrito e a etimologia do termo, observamos que cuidar está indelevelmente associado à ideia de pensar, refletir, planejar, orientar, o que indica que, ao contrário do que se traduz no senso comum, isto é, ao conceber o cuidado como um ato mecânico e desprovido de conhecimento científico, cuidar de outrem demanda planejamento, procedimentos técnicos elaborados, ao mesmo tempo que demanda afeto e empatia.

O significado dessa operação de pensamento indica que, ao executarmos tarefas aparentemente simples, como trocar as fraldas dos bebês, temos em verdade um conjunto procedimental e educativo, uma vez que os pequenos precisam de carinho, atenção, contato visual, conversas, brincadeiras como cócegas, esconde-esconde, sorrisos e ouvir histórias enquanto recebem esses cuidados. A troca como procedimento exige cuidado com o corpo, o toque sensível, não exasperado e sem pressa, que faz com que a criança sinta que recebe este e outros cuidados com afetuosidade e sinta também o próprio corpo. Por essa razão, as trocas de fraldas, o uso dos penicos, os banhos e trocas de roupa, o tempo de alimentação não podem ser concebidos tal qual uma linha de produção industrial, em que as crianças são colocadas nos trocadores de forma rápida e, na sequência, são baixadas dali em tempo recorde.

Em outros termos, o cuidado está imbricado ao ato de educar, quando educamos, planejamos as atividades, preparamos o espaço físico, pensamos nos brinquedos e materiais didáticos para ampliação das experiências cognitivas e estéticas dos bebês, quando dispensamos a eles os cuidados com higiene, alimentação e sono, ampliamos suas experiências afetivas, o conhecimento do próprio corpo e o bem-estar integral deles. Nesse sentido, educamos cuidando e cuidamos educando as crianças em espaços coletivos desde bem pequenininhas.

Ao tomarmos a díade educação-cuidado como princípio educativo na Educação Infantil, reconhecemos a criança como o centro de nossa pedagogia, como sujeito social potente e protagonista de sua história. Essa percepção de infância se relaciona com a ideia contemporânea de Educação Infantil e seus desdobramentos nas vidas das crianças.

EDUCAÇÃO INFANTIL: PERSPECTIVAS CONTEMPORÂNEAS

A Educação Infantil torna-se necessária quando as mulheres operárias lutam pelo direito de ser trabalhadoras e mães, reivindicando um espaço de cuidado e educação para seus filhos. Assim, a maior revolução nos costumes ocorrida no século XX foi a forma como as crianças são cuidadas e educadas em espaços coletivos, como uma preocupação não mais, apenas, das mulheres e mães, mas de toda a sociedade, o que indica que a educação delas passa a ser responsabilidade social e coletiva. A Educação Infantil no Brasil tornou-se um direito constitucional das crianças a partir da Constituição Federal de 1988, sendo então obrigação do Estado e direito da família.

> Embora a matrícula não seja obrigatória, cabendo à família decidir se deseja colocar suas crianças antes dos 6 anos na escola, para o Estado o não oferecimento não é opção, mas um dever. Qualquer família que não encontre uma vaga pode recorrer à justiça (CORREA; ADRIÃO, 2010, p. 8).

A Lei de Diretrizes e Bases da Educação (LDB), em 1996, reconhece a Educação Infantil como parte integrante da Educação Básica, sendo ela a primeira etapa de formação, atendendo as crianças com idade entre 0 e 5 anos. Em 2009, com a sanção da Emenda Constitucional nº 59, a Educação Infantil torna-se obrigatória para crianças na faixa etária de 4 a 5 anos.

As mudanças na realidade escolar e na formação das crianças da Educação Infantil deixaram ainda mais visível a necessidade de se desenvolverem documentos específicos, sendo elaborados, então, o Referencial Curricular Nacional para a Educação Infantil (RCNEI), em 1998, que tem como princípio orientar as práticas, oferecendo fundamentação metodológica e orientação didática à primeira etapa da Educação Básica; e, em 2009, as Diretrizes Curriculares Nacionais para a Educação Infantil (DCNEIs), que orientam sobre os conteúdos a serem trabalhados na Educação Infantil. As DCNEIs enfatizam a criança como sujeito histórico e de direitos — que deve ser considerado o centro do planejamento e das propostas pedagógicas — e indicam os objetivos e as finalidades dessa etapa da Educação Básica. Na sequência, foi homologada, no final do ano de 2017, a Base Nacional Comum Curricular (BNCC), sendo que, no caso da Educação Infantil, o foco recai sobre os campos de experiência.[2]

Salientamos a importância das políticas públicas, apesar de essas ainda se mostrarem aquém da real necessidade das crianças e suas famílias, pois são um avanço para a educação, ainda que reconheçamos que muito precisa ser conquistado, uma vez que, com o ápice da globalização e com todas as mudanças sociais, estruturais e culturais que marcam a vida contemporânea, os bebês têm sido inseridos em contextos coletivos.

PROTAGONISMO DOS BEBÊS NO BERÇÁRIO

Para a Sociologia da Infância, os bebês são tidos como autores tanto quanto os adultos, não são "apenas promessa de futuro, um vir a ser, um ser incompleto, pelo contrário, ocupa um tempo e espaço importantes no presente" (SILVA; RAITZ; FERREIRA, 2009, p. 77). Eles possuem linguagens, mesmo que ainda não falem, o que não significa que não se comuniquem. Atentamos para o fato de que, ao privilegiarmos a língua falada, ou quando ela é imposta aos bebês, os gestos, os sinais, os balbucios, os diferentes choros deixam de ser valorizados, e assim os bebês aca-

[2] Sobre os Campos de Experiência na Educação Infantil, ver: Reis e Borges (2016) e Cury, Reis e Zanardi (2018).

bam silenciados. Mas eles são capazes, têm potencial, são sujeitos ativos em seu próprio desenvolvimento. Walter Kohan (2004, p. 12) afirma que "a infância tem sido associada a uma metáfora de uma vida sem razão, obscura, sem conhecimento, como minoridade". Porém, é preciso romper com essa concepção de criança como sendo um ser passivo e incapaz, o *infans*, etimologicamente, aquele que não se encontra em condições de falar, sendo também associadas a falta, a incapacidade:

> Eles não vão conseguir fazer isso, é muito difícil..., eles não entendem..., São muito pequenos ainda.... Essas expressões e tantas outras, aparecem nos discursos que adultos produzem em relação às crianças, então, qual a imagem de criança desses adultos? Uma imagem de criança incapaz, de uma criança que vai vir a ser algo, que ainda não é. E, para a criança, qual é a resposta de sua pergunta, quem sou eu? A criança pode ser a tabula rasa a ser instruída e formada moralmente, ou o lugar do paraíso perdido, quando somos plenamente o que jamais seremos de novo. Ela pode ser a inocência (e por isso a nostalgia de um tempo que já passou) ou um demoniozinho a ser domesticado (quantas vezes não ouvimos dizer que "as crianças são cruéis"?). Seja como for, em todas essas ideias o que transparece é uma imagem em negativo da criança: quando falamos assim, estamos usando-a como um contraponto para falar de outras coisas, como a vida em sociedade ou as responsabilidades da idade adulta (COHN, 2009, p. 8).

É necessário que a Educação Infantil promova desenvolvimento cultural e cognitivo desde os primeiros anos; porém, observamos que, por um lado, a escola promove e valoriza determinados conteúdos e, por outro, desvaloriza os modos como as crianças percebem e apreendem os conhecimentos acerca do mundo que as cerca. Malaguzzi (1993 *apud* ARAÚJO, 2017, p. 135), em "Uma carta dos três direitos", reconhece as crianças

> [...] como portadoras e construtoras de suas próprias culturas e, logo, participantes ativas da organização de suas identidades, autonomias e competências através das relações e interações com os colegas da mesma idade, com os adultos, com as ideias e os eventos reais ou imaginários de mundos comunicantes.

Assim, as instituições de Educação Infantil (creches e pré-escolas) tornam-se ainda mais essenciais para o desenvolvimento integral das crianças pequenas, atuando como um complemento à ação da família, visto que é nas interações que elas aprendem. Staccioli e Ritscher (2017, p. 164) lembram-nos de que "para uma criança tudo é fascinante," mas que as descobertas "podem acontecer somente se as crianças têm tempo e vão experimentar aquilo que não podem fazer em casa". É imprescindível que o tempo das crianças seja respeitado e que as instituições de Educação Infantil não tentem apressar conteúdos, mas priorizem a conquista da autonomia.

> Para crianças pequenas, a vida cotidiana é um laboratório contínuo, desde o momento em que acordam até adormecerem. Tudo pode ser descoberto: como segurar com a mão algum objeto, como explorar, como descobrir tudo, cada momento, cada coisa ao seu redor. Os acontecimentos do cotidiano nunca param, e existe uma curiosidade insaciável por parte das crianças para tudo. Os adultos não precisam inventar coisas extraordinárias, porque, para as crianças, tudo é extraordinário, pois há muito pouco tempo estão no mundo e há tanto para descobrir (STACCIOLI; RITSCHER, 2017, p. 159).

O desafio que se coloca à Educação Infantil não é pequeno: articular os conhecimentos acumulados sobre a infância, além de reconhecer e colocar em prática a indissociabilidade cuidado-educação, e o berçário coloca novos e constantes desafios aos profissionais.

BERÇÁRIO: SIMPLESMENTE COMPLEXO

Antes vistos apenas como lugares de cuidado para os bebês, hoje os berçários são vistos também como espaços de aprendizagem, ou ainda, segundo Fochi (2015, p. 31), "um espaço de cuidado, de socialização, de aprendizagem e de educação", que demanda a ocorrência de perspectiva de educação humanizadora das crianças, sendo esse um dos maiores desafios que nos colocam os bebês. Para Bujes (2001):

> a educação da criança pequena envolve simultaneamente dois processos complementares e indissociáveis: educar e cuidar. As crianças desta faixa etária, como sabemos, têm necessidades de atenção, carinho, segurança, sem as quais elas dificilmente poderiam sobreviver. Simultaneamente, nesta etapa, as crianças tomam contato com o mundo que as cerca, através das experiências diretas com

> as pessoas e as coisas deste mundo e com as formas de expressão que nele ocorrem. Esta inserção das crianças no mundo não seria possível sem que atividades voltadas simultaneamente para cuidar e educar estivessem presentes (BUJES, 2001, p. 16).

As escolas precisam de uma pedagogia que se preocupe, ao mesmo tempo, com o cuidado, o bem-estar dos bebês, e com a sua autonomia:

> não é possível educar sem cuidar [...] Há atividades que uma criança pequena não faz sozinha [...]. Ou seja, há atividades de cuidado que são específicas da educação infantil, contudo, no processo de educação, em qualquer nível de ensino, cuidamos sempre do outro. Ou deveríamos cuidar! [...] já não será hora de assumir o educar, entendendo que abrange as duas dimensões (KRAMER, 2003, p. 76).

Sendo assim, a educação de bebês é um segmento da Educação Infantil que ainda precisa centrar sua pedagogia em aspectos muito específicos, principalmente no que tange ao protagonismo dos bebês. Segundo Fochi (2015), a entrada de crianças com menos de 3 anos na escola influencia em questões como infraestrutura, tempo e perfil de profissionais, e é necessária a elaboração de pedagogias que consigam atender a essas especificidades. Ele afirma ainda que, "a partir do momento em que a educação das crianças pequenas tornou-se responsabilidade social e coletiva, nasceu a necessidade de se voltar para a experiência pedagógica e pensar como configurá-la" (FOCHI, 2015, p. 39).

Já que os bebês aprendem por meio de suas experiências, o brincar, as interações e a ampliação do repertório cultural tornam-se indispensáveis, sendo algumas das funções a serem desempenhadas pelas práticas educativas, em uma perspectiva comprometida com a infância. Buss-Simão e Candal Rocha (2017) afirmam que:

> O desenvolvimento das experiências educativas [...] depende de uma organização pedagógica cuja metodologia se paute na intensificação das ações das crianças relativas aos contextos sociais e naturais, no sentido de ampliá-los e diversificá-los, sobretudo por meio das interações sociais, da brincadeira e das mais variadas formas de linguagem e de contextos comunicativos. Con-

sideramos essas as formas privilegiadas pelas quais as crianças expressam, conhecem, exploram e elaboram significados sobre o mundo e sobre sua própria identidade social (BUSS-SIMÃO; CANDAL ROCHA, 2017, p. 90).

A interação dos adultos com os bebês, no berçário, pauta-se pelo reconhecimento de suas necessidades e interesses. Cabe ao professor ampliar o repertório de experiências deles, compreendendo que brincar é uma condição natural do humano e uma das atividades mais constantes das crianças, garantidas por um projeto de Educação Infantil que privilegie a cultura infantil, por meio de uma pedagogia diversificada que se desenvolve de diversas formas e em diferentes espaços e tempos. Reconhecemos que o ato de brincar é livre e espontâneo e que a rotina no berçário privilegia longos períodos de brincadeiras e interações aos pequenos, uma vez que esse princípio pedagógico é parte fundamental do processo de socialização deles e é dotado de significados, pois trata-se de:

> uma experiência transformadora, que consome um espaço e um tempo e é intensamente real para a criança. Brincar é aprender-se brincante nas e das linguagens. Enfim, é a cultura da infância sendo produzida pelas crianças que dela participam (BARBOSA, 2014, p. 29).

É indiscutível que os bebês necessitam ter suas necessidades básicas de alimentação, higiene, carinho, atenção, entre outras inerentes ao cuidado, atendidas, e que essas não se dissociam do projeto pedagógico, ao contrário, cuidar com afeto, respeito, atenção, troca de olhares, é ato educativo, ambos são "faces de um processo único de zelo pelo desenvolvimento integral dos bebês" (MARTINS FILHO, 2016, p. 27).

> Construir um modo de vida com os bebês é dar sentido ao olhar, ao choro e ao sorriso, é saber ter paciência para observar as reações dos bebês, isso na hora de trocar a fralda, medir a temperatura, alimentar cada um, calçar o sapato, pentear o cabelo, assoar o nariz... É importante que nesses contatos haja uma relação corporal que propicie a construção da afetividade e da amorosidade. São momentos que se abrem para diferentes possibilidades de experiências, sentimentos, relações e interações ricas e intensas (MARTINS FILHO, 2016, p. 33).

Reconhecer a ação dos pequenos como parte do processo de construção das experiências significativas deles faz com que a "centralidade das ações com base na perspectiva adulta" seja repensada, não "desconsidera o olhar e o lugar do adulto [...], mas [...] prioriza a escuta dos bebês" (COUTINHO, 2017, p. 108).

À GUISA DE CONCLUSÃO

Refletir sobre as interações e a socialização de bebês em espaços coletivos nos leva a repensar o papel que os bebês de 0 a 18 meses possuem social e culturalmente, além de ressignificar as práticas pedagógicas e as funções dos profissionais da educação, buscando um saber "dos" bebês, suas necessidades, vontades, capacidades, respeitando, portanto, a sua potência como crianças ativas e protagonistas no espaço coletivo.

No início das observações em campo, muitas vozes de pais, e até mesmo de gestores, demonstram certa dificuldade em entender o papel das professoras no berçário, pensando de maneira simplista e baseada no senso comum: "ah, elas só cuidam". Porém, conforme procuramos demonstrar neste estudo, cuidar e educar são indissociáveis e ocorrem o tempo todo no berçário, permeados por afecções e respeito. O cuidado é carregado de intencionalidade educativa, durante uma troca de fralda, durante um banho. Enquanto ninam os bebês para dormir, as professoras o fazem sem pressa, brincam, conversam, fazem contato visual. São interações ricas e intensas, por meio das quais se constrói a afetividade, em trocas simbólicas de carinho e atenção, que afetam tanto as crianças quanto as profissionais no berçário.

Os bebês brincam livremente, descobrem possibilidades, brincam de faz de conta, imitações, sem que um adulto os precise direcionar. Dessa maneira, eles se apropriam dos brinquedos, e fazem de um martelo um telefone, de uma cadeira um desafio, de um trinco uma distração. São capazes de aprender por si próprios e, mesmo tão pequenos, se relacionam uns com os outros, resolvem pequenos conflitos, são capazes de perceber sentimentos no outro e ter empatia.

Quando reconhecemos essa imagem dos bebês como capazes, protagonistas de suas experiências e aprendizagens, passando a observá-los com esse olhar, despindo-nos das certezas de que, como adultos, sabemos tudo, temos melhores perspectivas de criar as condições adequadas para que eles atuem e estamos nos dando a oportunidade de compreendê-los e conhecer o seu mundo. O berçário é, então, um ambiente rico, que proporciona aos bebês muitas novas experiências, a partir das interações com seus pares de idade e com os adultos, bem como com o ambiente e os objetos, que são carregados de intencionalidade educativa, favorecendo o desenvolvimento integral do bebê. Reconhecemos, portanto, que o berçário é um espaço simplesmente complexo, que exige conhecimento profundo sobre os mais novos, assim como demanda um olhar alteritário e empático para eles e suas famílias.

REFERÊNCIAS

AMORIM, Ana L. N.; DIAS, Adelaide A. Currículo e Educação Infantil: uma análise dos documentos Curriculares Nacionais. *Espaço do Currículo*, v. 4, n. 2, p. 125-137, mar. 2012.

ANTUNES, Celso. *Educação infantil*: prioridade imprescindível. Petrópolis: Vozes, 2004.

ARAÚJO, Sara Barros. Para uma visão triangulada dos direitos em creche: análise com base no manifesto epistolar de Malaguzzi. *Em Aberto*, Brasília, v. 30, n. 100, p. 131-144, set./dez. 2017.

BARBOSA, Maria Carmen Silveira. Os bebês interrogam o currículo: as múltiplas linguagens na creche. *In*: CAIRUGA, Rosana R. *et al.* (Org.). *Os bebês na escola*: observação, sensibilidade e experiências essenciais. Porto Alegre: Mediação, 2014.

BARBOSA, Maria Carmen Silveira; FOCHI, Paulo. O desafio da pesquisa com bebês e crianças bem pequenas. *In*: ANPED SUL: SEMINÁRIO DE PESQUISA E EDUCAÇÃO DA REGIÃO SUL, 9., 2012. Disponível em: http://www.ucs.br/etc/conferencias/index.php/anpedsul/9anpedsul/paper/viewFile/1234/318. Acesso em: 09 jun. 2019.

BUJES, Maria Isabel Edelweiss. Escola infantil: pra que te quero? *In*: CRAIDY, Carmem; KAERCHER, Gládis. *Educação infantil*: pra que te quero? Porto Alegre: Artmed, 2001. p. 13-22.

BUSS-SIMÃO, Márcia; CANDAL ROCHA, Eloísa Acires. Nota crítica sobre a composição de pedagogias para a educação infantil. *Em Aberto*, Brasília, v. 30, n. 100, p. 83-93, set./dez. 2017.

COHN, C. *Antropologia da criança*. 2. ed. Rio de Janeiro: Zanar, 2009.

CORREA, B. C.; ADRIÃO, T. Direito à educação infantil de crianças até 6 anos enfrenta contradições. *Revista ADUSP*, v. 48, p. 613, 2010.

COUTINHO, Ângela Maria Scalabrin. Os bebês e a brincadeira: questões para pensar a docência. *Da Investigação às Práticas*, v. 4, n. l, p. 31-43, out. 2013.

COUTINHO, Ângela Maria Scalabrin. Os bebês no cotidiano da creche: ação social, corpo e experiência. *Em Aberto*, Brasília, v. 30, n. 100, p. 105-114, set./dez. 2017.

CURY, Carlos; REIS, Magali; ZANARDI, Teodoro. *Base Nacional Comum Curricular*: dilemas e perspectivas. São Paulo: Cortez, 2018.

FALK, Judit. *Educar os 3 primeiros anos*: a experiência de Lóczy. 2. ed. Araraquara: Junqueira & Marin, 2011.

FOCHI, Paulo. *Afinal, o que os bebês fazem no berçário?* Porto Alegre: Penso, 2015.

KOHAN, Walter (Org.). A infância da educação: o conceito devir-criança. *In*: KOHAN, Walter (Org.). *Lugares da infância*: filosofia. Rio de Janeiro: DP&A, 2004.

MARTINS Filho, Altino J.; BARBOSA, Maria C. S. Metodologias de pesquisas com crianças. *Revista Reflexão e Ação*, Santa Cruz do Sul, v. 18, n. 2, p. 08-28, jul./dez. 2010.

MARTINS FILHO, Altino José. *Educar na creche*: uma prática construída com os bebês e para os bebês. Porto Alegre: Mediação, 2016.

MATO GROSSO DO SUL. Universidade Federal. *Educação infantil*: Construindo o presente. Movimento Interfóruns de Educação Infantil do Brasil. Campo Grande: Ed. UFMS, 2002.

REIS, Magali; BORGES, Roberta. Campos de experiência e programação pedagógica na Educação Infantil. *In*: REIS, Magali; BORGES, Roberta. *Educação infantil*: arte cultura e sociedade. Curitiba: CRV, 2016. p. 231-240.

SILVA, Cleber; RAITZ, Tânia R.; FERREIRA, Valéria S. Desafios da Sociologia da Infância: uma área emergente. *Psicologia & Sociedade*, v. 21, n. 1, p. 75-80, 2009.

STACCIOLI, Gianfranco; RITSCHER, Penny. Um laboratório da maravilha: marcas do cotidiano para a construção de uma pedagogia que acolhe o universo das crianças. *Em Aberto*, Brasília, v. 30, n. 100, p. 159-166, set./dez. 2017.

STAMBAK, Mira *et al. Os bebês entre eles*: descobrir, brincar, inventar juntos. Campinas: Autores Associados, 2011. (Coleção Formação de Professores. Série Educação Infantil em Movimento).

PARTE II

PRÁTICAS CULTURAIS NA EDUCAÇÃO DOS BEBÊS

CON ALMA DE NIÑOS: ENTRE BALBUCIOS, NANAS E CANÇÕES

Ana Consuelo Ramos

INTRODUÇÃO

Neste relato, reflito sobre a produção musical e artística do *Movimiento de la Canción Infantil Latinoamericana y Caribeña* (*MOCILyC*), mostrando canções e cantigas de ninar veiculadas no programa de rádio *Con alma de niños*: *una expedición al mundo infantil*, o qual é coordenado por Jorge Sossa, membro do Comitê Permanente do *Movimiento*. O referencial teórico que direciona a discussão é pautado em aportes da Sociologia da Infância e da Educação Musical.

O programa de rádio *Con alma de niños*: *una expedición al mundo infantil* está entre as atividades radiofônicas produzidas por membros do *Movimiento de la Canción Infantil Latinoamericana y Caribeña*, o *MOCILyC*. Este Movimento — que congrega artistas, docentes, educadores, pesquisadores e profissionais afins — é atuante desde 1994, quando foi fundado na cidade de La Habana, Cuba.

O *MOCILyC* tem uma trajetória, com encontros bienais, por diferentes países da América Latina e do Caribe,[1] cujos eventos se instauram em duas instâncias: apresentações musicais e seminários acadêmicos. As apresentações musicais integram espetáculos — de grupos emblemáticos, veteranos no Movimento, e de novas propostas — que ocorrem em locais abertos para o público em geral, e em outros recintos, para plateias específicas de instituições de ensino públicas e privadas. O se-

[1] O último encontro internacional do *MOCILyC* realizou-se em 2019, na Guatemala; o próximo evento está previsto para 2021, em Puerto Rico.

minário acadêmico proporciona a realização de conferências, relatos de experiências, oficinas, concertos dialogados e didáticos.

A constituição do *MOCILyC* e as diferentes formas de difusão da sua produção musical e artística foi analisada em meu trabalho doutoral (RAMOS, 2018a), a partir da discussão dos conceitos de infância e cultura infantil, música e canção para criança. No estudo, também foram considerados os modos como se articulam as categorias infância, cultura e rádio no Movimento.

Na perspectiva do referido estudo e tendo em vista os limites da investigação, posso afirmar que as canções compostas por integrantes do Movimento inserem-se muito mais nas esferas recreativa e estética, isto é, são tomadas numa concepção que valoriza o fazer artístico, e estão para além de abordagens pedagógicas; elas assinalam-se primariamente como não pedagogizantes. As categorizações foram subtraídas a partir dos depoimentos dos entrevistados, dos programas de rádio e espetáculos do *MOCILyC* por mim assistidos e dos *CDs* de membros do Movimento, de meu acervo pessoal.

As categorias que surgiram revelam canções que: capturam o mundo infantil pelo mistério e pela magia; atraem pelo ritmo e/ou pela sonoridade; tratam de temas contemporâneos e de diferentes realidades sociais; trazem "verdades" do cotidiano infantil, referindo-se, por exemplo, a comportamentos de forma bem-humorada; não têm a intenção de ensinar nada; valorizam a ancestralidade e os regionalismos; são histórias e poemas musicalizados; fazem da própria voz um instrumento; utilizam sons do próprio corpo e/ou de objetos do cotidiano como acompanhamento; brincam com a sonoridade das palavras. Há canções atreladas a brincadeiras ou aquelas que, elas mesmas, podem ser percebidas como brinquedos cantados. Aparecem outras que trazem mensagens pertinentes, porém, sem impor comportamentos. Entre as categorizações, há ainda canções de ninar autorais; releituras e arranjos do cancioneiro folclórico, tradicional e de domínio público, assim como interpretações de obras de compositores emblemáticos da música popular, cujas letras, muitas vezes, podem ter sido elaboradas sem finalidade direcionada às crianças. As categorias também se misturam umas às outras em uma mesma canção.

Em suma, posso declarar que a produção musical e artística do Movimento agrega a diversidade rítmica e sonora característica da América Latina e do Caribe ao acolher a ancestralidade e os regionalismos —

incorporados em letras, idiomas, ritmos e instrumentos peculiares —, além de outras tendências e instrumentações ditas "eruditas", atingindo gêneros como o *Rock* e o *Rap*. Sonoridades e arranjos instrumentais singulares distinguem estilos próprios, conferindo autenticidade a cada um dos grupos que, por sua vez, unidos no Movimento, e reconhecidos em movimento, denotam a "alteridade" do *MOCILyC*. A especificidade dessa alteridade se desvela no fazer musical e artístico que se mostra — na maioria das vezes (nas balizas da investigação) — livre dos impositivos da Indústria Cultural.[2] A autenticidade estética pode ser constatada, por exemplo, a partir das categorizações das canções produzidas no Movimento, expostas em Ramos (2018a); pelo pensamento musical que se pode perceber por meio dos arranjos instrumentais e vocais; pela não inclusão de *playbacks*; pelo aproveitamento de outras fontes sonoras como objetos do cotidiano, sons do próprio corpo e o trabalho vocal explorado por determinados artistas; entre outros aspectos.

A produção do *MOCILyC* abrange, portanto, os espetáculos, *CDs*, *DVDs* e videoclipes. Incluo, nesta lista, os programas de rádio coordenados por seus membros, pois, no meu entender, essas atividades radiofônicas não são apenas veículos de divulgação do repertório de canções do Movimento, mas, igualmente, bens culturais derivados das suas reflexões e de seus princípios basilares. Dentre os programas de rádio, cito: *Ambos a dos* (Porto Rico); *@ Ton y Son: canciones para la infancia y alrededores* (México); *Con alma de niños: una expedición al mundo infantil* (Colômbia); *Jugar a Cantar* (Venezuela); *Los limpiaorejas* (Argentina); *Me extraña araña* (Argentina); *Para escucharte mejor* (Uruguai) e *Serelepe: uma pitada de música infantil* (Brasil). Importante mencionar, ainda, uma rádio *web*, a *Radio Butiá*, fundada em 2016, a partir de princípios e ações do *Sello Papagayo Azul* (Uruguai), perfazendo o pensamento do *MOCILyC*. *Radio Butiá* oferece o acesso a canções e conteúdos diversos para a infância, incluindo produções de participantes do Movimento.[3]

---

[2] A terminologia Indústria Cultural foi utilizada por Adorno e Horkheimer em substituição ao termo cultura de massa com o propósito de extirpar a ideia de que se tratava de uma cultura espontânea procedente da própria massa. Desse modo, a Indústria Cultural, uma cultura para a massa, configura-se, ideologicamente, como um sistema de manipulação dos gostos e de manutenção das necessidades do público com objetivos claramente orientados pelo e para o lucro (ADORNO; HORKHEIMER, 1985, p. 100).

[3] Conforme Radio Butiá (2020).

Os programas de rádio focalizados em meu estudo foram: @ *Ton y Son*, produzido por Julio Gullco; *Con alma de niños*, coordenado por Jorge Sossa; e *Serelepe*, por Eugênio Tadeu Pereira. As análises mostraram que essas atividades radiofônicas não se limitam ao entretenimento que é nas grandes mídias, e de modo geral, pensado sob a ótica mercadológica, e alcançado pela massificação, visando a interesses comerciais. A diversão acontece de forma respeitosa, isto é, carregada de valores e possibilidades para a formação estética dos pequenos ouvintes.

Finalmente, sublinho a importância de @ *Ton y Son*, *Con alma de niños* e *Serelepe* como aportes significativos para a compreensão dos pressupostos conceituais e filosóficos do *MOCILyC*, a exemplo da concepção de infância e criança intrínseca às suas ações e aos seus bens culturais.[4]

MÚSICA PARA A INFÂNCIA: REFLEXÕES

> "Murucututu / Na beira do telhado
> Vem comer esse menino / Que ainda está acordado".[5]

Entre as perguntas orientadoras de minhas reflexões sobre a música para a infância, sempre estiveram presentes inquietações como: o que é fazer música para criança? O que caracteriza o "infantil" em uma canção? Existe, de fato, música para crianças? Respostas a essas perguntas, concedidas por depoentes integrantes do Comitê Permanente do *MOCILyC*, em meu trabalho doutoral, muito contribuíram para esclarecer meu pensamento, ampliar e validar minhas concepções nesse sentido.[6] Para Jorge Sossa, membro fundador do Movimento, a canção deve "capturar" o mundo infantil que é regido pela pergunta e por uma "maneira nômade", que a criança tem, de habitar o espaço e o mundo:

> Es infantil toda aquella canción que capture el mundo infantil, o sea, ese mundo infantil lo entendemos como el mundo de la pregunta, de la

---

[4] Outras análises de @ *Ton y Son* são encontradas em Ramos (2018b).

[5] Versos da canção "Murucututu" (Tradicional Brasil), extraídos do *CD Murucututu* (RODAPIÃO, 2002). O *Duo Rodapião*, formado pelos docentes Eugênio Tadeu Pereira e Miguel Queiroz, foi o primeiro grupo musical brasileiro a integrar o *MOCILyC*, em 1996, permanecendo atuante até 2018, quando Miguel Queiroz faleceu.

[6] Para um aprofundamento nestas questões, ver Ramos (2018a).

> curiosidad, de la pesquisa, del juego, de la alegría, de la afirmación de la vida, esa manera nómade de habitar el espacio y habitar el mundo. Si una canción captura eso, puede incluso haber sido una canción que no se creó con el fin de que fuera para los niños (SOSSA, 2015).

Sossa enfatiza que há canções feitas para crianças, mas que podem não as capturar; a intenção, em si, não basta. Por que algo que foi pensado para a criança pode não a capturar?

> [...] la intención no basta, porque es complejo. Pero es infantil, a nuestro modo de ver, si captura esas claves[7] que no están explícitas, pero que en la base está esa actitud curiosa, inquieta, flexible, dinámica. Es más o menos lo que nos parece que está en la base de lo infantil (SOSSA, 2015).

As reflexões de Sossa conduzem às argumentações que ponderam não haver distinção entre música para criança e música para adulto, o que muito me apraz. O mesmo pode ocorrer com as canções, pois, embora haja compositores que se dedicam a pensar uma canção especialmente destinada ao público infantil, respeitando determinados princípios éticos e estéticos, há canções compostas sem a intenção de direcionar para a infância e que, no entanto, atraem as crianças por uma ou mais razões — ritmo, sonoridade, letra ou a combinação desses e outros elementos. Na minha visão, e partindo de uma experiência muito pessoal, o contrário também é verdadeiro, isto é, uma canção pensada e destinada aos pequenos ouvintes pode agradar ao adulto sob vários aspectos, quer seja por uma reflexividade conceitual sobre a letra e/ou questões estilísticas e musicais, quer seja, simplesmente, por proporcionar uma experiência estética envolvente.

Outro posicionamento dos entrevistados a que me uno é a ideia de valor estético da obra considerada em si mesma, seja música instrumental, seja cantada, reafirmando que, se há a intenção de se compor especialmente para crianças, o mundo infantil, o olhar da criança e o seu modo de encarar a vida devem ser considerados. Tal consideração não negligencia a inteligência da criança e sua capacidade de envolver-se com letras mais

---

[7] A palavra *claves*, neste contexto, pode ser compreendida como elementos fundamentais.

elaboradas, alusivas a temáticas políticas e de diferentes realidades sociais, incluindo a sofisticação de arranjos instrumentais e sonoridades inusitadas que normalmente não circulam na grande mídia.

No que se refere ao universo dos bebês,[8] é comum que venham à mente as cantigas de ninar ou os acalantos, com suas outras denominações hispano-americanas: *nanas* (Espanha), *cantos de cuna* (Argentina), *arrullos* (México).[9] Os acalantos, com suas melodias e ritmos que expressam aconchego e cuidado, fazem parte da rotina familiar, estabelecendo-se como meio de comunicação entre pais, cuidadores e bebês. O momento em que normalmente são entoados se presta ao alívio de um choro e/ou da necessidade do sono, perfazendo um ambiente de calma. As letras, nem sempre idílicas, podem trazer à cena monstros, bruxas, bichos temíveis, um *murucututu na beira do telhado*[10] que pode comer quem está acordado, e outros assombros, traduzindo o imaginário de diferentes culturas.

Brito (2003, p. 97) declara que: "seja para afastar os bichos ou personagens estranhas que poderiam assustar ou levar o menino, seja para protegê-lo ou ameaçá-lo, as cantigas de ninar estão muito presentes em nossa cultura". Stahlschmidt, Amaral e Finck (2016) tratam das contradições e ambiguidades inerentes às letras das cantigas de ninar, as quais carregam, em si, os "[...] valores e a concepção de infância construída por cada sociedade, bem como o imaginário que a permeia, com seus monstros, deuses, bruxas e fadas, entre outros" (STAHLSCHMIDT; AMARAL; FINCK, 2016, p.13). Destacam o quão eficazes os acalantos são para oferecer um ambiente favorável ao sono. As autoras abordam questões relativas ao papel do pai na canção de ninar, dos personagens — cucas, monstros, deuses e demônios — que animam a imaginação de mães e filhos, entre outras considerações correlatas.

Ilari (2013) reforça a ideia de que "cantar e embalar crianças são atividades também de homens", enfatizando essa ocorrência em costu-

---

[8] Essa temática não foi tratada na tese de doutorado, apenas citada como uma das categorias das canções.

[9] Conforme Akoschky (1988).

[10] Segundo Rodapião (2002), "Murucututu é um nome indígena, de origem Tupi, dado a uma pequena coruja do mato. As mães indígenas invocam essa ave, com seu pio característico, para dar sono às crianças. Câmara Cascudo disse que a murucututu é considerada a mãe do sono. Tudo indica que ela foi se transformando numa espécie de bicho-papão — cuca ou tutu-marambá — seres imaginários que habitam o universo infantil".

mes da África e do sudeste asiático. Reitera que, em determinadas culturas, "a voz masculina é considerada um modelo de força e vitalidade e, portanto, deve ser mostrada desde cedo às crianças". Ilari relata sobre estudos realizados, em diferentes partes do mundo, que atentam para o fato de que pais e mães têm cantado menos para seus filhos, comparativamente a seus antepassados. Uma das pesquisas aponta que as razões podem ser pensadas em decorrência das inovações e facilidades tecnológicas, advertindo que a televisão, a *Internet*, os *CDs* e os *DVDs* não substituem o carinho dos pais (ILARI, p. 29-30).[11] Ilari traz à tona, também, a problemática da falta do ensino de música na escola que atinge a maioria dos adultos brasileiros com filhos pequenos. Esses pais e mães, por não terem tido chances, quando crianças, de "desenvolverem a voz a ponto de se sentirem bem cantando", podem sentir-se constrangidos ou desestimulados ao canto e/ou à dança nas brincadeiras. Ressalta o valor do afeto que é transmitido especialmente pela voz e pelo gesto de pais, mães, avós, irmãos e cuidadores "quando cantam, dançam e usam a música como forma de comunicação e divertimento juntamente com a criança" (ILARI, 2013, p. 30).

Retomo a temática sobre as letras para expor o ponto de vista de Ilari, que debate sobre comentários de que certas letras de canções do folclore seriam "nocivas" ao desenvolvimento das crianças. A autora declara que esses cantos com "histórias tristes ou pequenas maldades", "bichos-papões, gatos acidentados e mensagens de pesar" estão presentes em culturas de diferentes países. "Crianças da Espanha, Itália e Sibéria também vêm cantando e rindo das desgraças de gatos apaixonados ou tristes. Isso não quer dizer que elas sejam más ou que se transformarão em bandidos ou pessoas que machucam animais". Tudo é percebido como uma brincadeira pela qual as crianças estão "exercitando suas vozes e impedindo que o folclore de suas regiões desapareça". Atenta para evidências em estudos, enunciando que "as crianças pequenas estão muito mais interessadas no tom melodioso de quem canta e no jogo sonoro do que no sentido propriamente dito das canções" (ILARI, 2013, p. 118-119). Nesse sentido, acrescento que também há a possibilidade de se analisarem os versos dessas canções, contextual e criticamente, com as crianças maiores.

[11] A fala de Ilari baseia-se no estudo da alemã Mechtild Papousek, conforme Papousek (1996).

Ilari (2013) ainda discute sobre o desenvolvimento musical nos primeiros meses de vida da criança, incluindo a faixa etária imediatamente posterior e os adolescentes. Indica situações, atitudes e possibilidades de se fazer música com os bebês em casa, expondo também sobre a "aprendizagem musical" na fase pré-natal e o comportamento de recém-nascidos diante de diferentes estímulos sonoros, entre outras implicações circundantes.

Embora o foco deste meu relato não seja o comportamento musical dos nenéns, julgo importante citar estudos nesse âmbito, a exemplo de Moog (1976) e Sloboda (2008). Sloboda explica que um modo mais comum de comportamento que pode ser musicalmente importante é a habilidade dos bebês para imitar o "contorno entoacional da fala" e que isso integra a etapa da exploração vocal da pré-fala, também denominada balbucio. "Esse balbucio melódico é composto primordialmente por glissandos em microtons, movimentos suaves em uma gama de alturas" (SLOBODA, 2008, p. 265). Segundo Sloboda, a investigação de Moog (1976) demonstrou que, aproximadamente aos nove meses de idade, bebês iniciam vocalizações peculiares em relação à música, ao que Moog denominou "balbucio cantado". Na visão de Sloboda, esse balbucio cantado não está diretamente relacionado ao movimento melódico e/ou rítmico da canção que está sendo escutada pelo bebê: "[...] parece ser uma resposta específica de prazer diante dos sons" (SLOBODA, 2008, p. 266). A partir dos dezoito meses, há uma mudança no comportamento musical marcada pelo "canto espontâneo", o qual tem como característica principal a emissão de "alturas discretas estáveis" que se agregam em sequência, formando pequenos padrões intervalares simples (SLOBODA, 2008, p. 267). O canto espontâneo também foi pesquisado por Parizzi (2006). A autora verificou que, a partir de zero até cerca de seis anos, esse canto parece evoluir previsivelmente, análogo ao desenvolvimento cognitivo e musical da criança.

Carneiro (2006) traz contributos para a Educação Musical a partir do estudo de condutas sensório-motoras e implicações pedagógicas na aula de música para crianças de zero a dois anos. A investigação foi conduzida a partir dos princípios *piagetianos* e fundamentada em aportes como: François Delalande, Howard Gardner, David Hargreaves, Keith Swanwick e June Tillman. A educadora musical e psicóloga declara ser imprescindível o conhecimento do processo de desenvolvimento da criança pequena para se "[...] empreender uma estimulação sensório-musical que respeite suas características e contribua para o seu desenvolvimento" (CARNEIRO, 2006, p. 8).

Ainda no âmbito da aprendizagem, destaco a pesquisa de Esther Beyer, que tratou do delineamento dos "balbucios musicais" de bebês, de zero a vinte e quatro meses, em situação de sala de aula. Beyer (2005) observou que os balbucios, inicialmente, firmam-se nas vogais, passam pela "exploração com novas sonoridades e possibilidades vocais — como suspiros, grunhidos, sopros", atingindo combinações de consoantes e improvisações silábicas de curtas e longas durações (BEYER, 2005, p. 353). Verificou que, por meio das aulas de música, muitos nenéns ampliaram suas possibilidades de "explorações vocais", atestando que, "conforme a idade e o desenvolvimento do bebê, iam acontecendo tipos diferentes de balbucios, até chegar ao canto em si" (BEYER, 2005, p. 350).

Joly e Raniro (2012) também retratam a educação musical nos primeiros meses de vida, em aulas de musicalização, nas quais os bebês estão acompanhados por um adulto de sua relação: pai, mãe, avós ou cuidadores. O enfoque das autoras está na afetividade como alicerce, e também como resultante, das atividades musicalizadoras propostas. Afetividade esta que é emanada pelo toque, olhar e carinho que permitem estabelecer e consolidar vínculos amorosos, por meio da música compartilhada (JOLY; RANIRO, 2012, p. 18).

Akoschky (2014) aborda a linguagem musical na primeira infância, discutindo sobre temas relativos ao envolvimento desses indivíduos com o som, em atividades de audição e manipulação de materiais sonoros, tratando, também, da receptividade das canções apresentadas. Destaca a tarefa dos educadores à seleção de repertório para a atividade musical e sublinha a importante contribuição do *MOCILyC* nesse âmbito, assim como valoriza o "resgate" de músicas tradicionais e de domínio público (AKOSCHKY, 2014, p. 98-100).

Parlato-Oliveira (2019) valoriza as competências do bebê em seu primeiro ano de vida, mostrando "um bebê diferente daquele que ainda é apresentado em alguns manuais de desenvolvimento como sendo: passivo, limitado, sem muitas capacidades e dependente, quase que exclusivamente, da vontade de um outro". Retrata um "bebê ativo, perspicaz e capaz de realizar interpretações complexas sobre aquilo que lhe é apresentado, e sobre o que ele percebe para poder realizar suas grandes façanhas" (PARLATO-OLIVEIRA, 2019, p. 08-09).

Por fim, e para atualizar o pensamento sociológico que acolhe a criança como sujeito pleno de direitos, detentor de histórias ímpares — em aportes como Sarmento e Vasconcellos (2007), Reis e Gomes (2015), Reis e Borges (2016) —, recorro a De Grande e Remorini (2019), que expõem estudos que concebem os bebês como "sujeitos legítimos para a pesquisa social". As considerações firmam-se a partir "do olhar do bebê como pessoa" — um ser pertencente a contextos diversos — e são ancoradas em um pensamento que procura "evitar riscos derivados de tomar sujeitos urbanos e ocidentais como representativos da população mundial" (DE GRANDE; REMORINI, 2019, p. 17-18).

A seguir, exponho reflexões sobre a concepção de infância e de criança a partir do programa radiofônico *Con alma de niños.*

Con alma de niños: una expedición al mundo infantil

Con alma de niños: una expedición al mundo infantil é um programa de rádio, dedicado à infância, da *Escuela Musical Nueva Cultura*, produzido e apresentado por Jorge Sossa e Clara Calderón. A coordenação geral está a cargo de Sossa e os roteiros, embora sob sua responsabilidade, são escritos com o apoio e a colaboração de Calderón, na busca de músicas e demais ajustes (SOSSA, 2015).

Jorge Sossa integra o Comitê Permanente do *MOCILyC* como membro fundador, desde 1994. Intérprete, arranjador e compositor de músicas populares e de "canções do gênero infantil", apresenta-se como instrumentista ao violão, ao *tiple* — instrumento colombiano — e ao *cuatro* — pertencente à família do violão, característico de países como Colômbia e Venezuela. Sossa exerceu atividades relevantes no cenário cultural da Colômbia e dirige a *Escuela Musical Nueva Cultura* (SANTOS, 2005, p. 91). O fundador participa regularmente dos encontros do *MOCILyC* como conferencista, tendo coordenado dois eventos de âmbito internacional do Movimento, em Bogotá.

Clara Calderón, musicista e pedagoga, é fundadora do grupo colombiano dedicado à infância, *Rabo'e Nube*, o qual está entre os que se apresentaram no *12º Encuentro* do *MOCILyC*, evento que integrou o trabalho de campo do meu doutorado.

Con alma de niños é veiculado por *UN Radio — Emisora de la Universidad Nacional de Colombia* — 98,5 FM (Bogotá). Com 60 minutos de duração, acontece aos sábados, às 07h30min (hora colombiana), podendo ser ouvido também pela *Internet*, diretamente no horário ou a qualquer momento pelo *site*.[12]

A concepção de criança no âmbito do programa vincula-se à do coordenador e à expressa pelo *MOCILyC*, uma vez que há a intenção clara de veicular a produção do Movimento. Para Sossa (2015), a criança é um ser em devenir constante, sempre em busca, um ser disposto à felicidade e à alegria. Ele diz que o adulto costuma bloquear ou interromper esses movimentos, por meio de comportamentos ou da organização do ambiente doméstico que pode ser inadequado para quem tem criança em casa, impedindo-a de brincar e de pular porque podem correr o risco de quebrar, por exemplo, um vaso de flores (SOSSA, 2015):

> Y los adultos, nos encargamos de: ¡no! ¡Quieto! ¡No! ¡Cuidado! [...] ¡Cortamos toda la posibilidad! [...] Y no estamos atentos a como le brindamos los medios para que ese niño explore el mundo, capture ese mundo. Los espacios están hechos para los adultos. [...] Si tenemos niños en la casa, hagamos un espacio abierto lleno de juguetes. El niño raya la pared y nos enojamos, entonces, pongamos unos papeles para que rayan. [...]. El niño siempre quiere jugar y jugar siempre va con la alegría, y alegría va con colectivo, y colectivo va con sueño, y sueño va con fantasía. ¡Es una potencia! ¿Y nosotros, que hacemos con los niños? (SOSSA, 2015).

Infiro que as considerações de Jorge Sossa são ressonantes ao pensamento de Sarmento e Vasconcellos (2007, p. 23) de que a criança é um "sujeito de direitos", concepção encontrada também em Reis e Gomes (2015) e Reis e Borges (2016).

Sossa percebe a infância como um trajeto da vida de um ser humano marcado pela condição de estar em constante devenir, um ser em movimento, sempre em busca, curioso.

> Más que una etapa biológica, además de eso, la infancia sería como ese recorrido donde se potencia esa condición de niño, de

[12] Para acesso à página do programa, ver: Con alma de niños (2014).

> la que hablamos, y pudiera continuar; un poco lo que decimos en Con alma de niños, poder seguir siendo el niño que fuimos, o sea, devenir el niño que fuimos y, sin embargo, en la adultez, no renunciar a la proclividad por preguntar, por jugar, por ser sensible [...] (SOSSA, 2015).

Sossa explica que o mundo infantil deve ser pensado "como un tejido de relaciones, de sentidos y de significaciones. Un mundo habitado por cosas en las que se plasman las características de ese mundo". O espaço deste mundo está constantemente se transformando, seus habitantes vivem entre o real e o imaginário, entre um lugar e outro, sem territórios fixos, como os ciganos (SANTOS, 2005, p. 81).

O fundador do Movimento é explícito ao dizer que *Con alma de niños* é dirigido especialmente aos pais, cuidadores e docentes.

> Este programa, hay que decirlo, no está dirigido directamente a los niños. [...]. Le cantamos a los padres, a los cuidadores, a los docentes. Es como proveer ciertas herramientas conceptuales y referencias sonoras para que ellos acerquen a los niños. [...]. Equilibramos música con diálogos y en los diálogos siempre hay reflexiones [...] (SOSSA, 2015).

Segundo Sossa (2015), em outubro de 2015, o programa contava com 78 emissões em 2 anos de existência, cujos ouvintes são pessoas relacionadas à universidade, "que es un público de una emisora no comercial".

Balbuceos y Canciones

A emissão do programa de rádio *Con alma de niños* intitulada *Balbuceos y Canciones*[13] inicia-se com uma explicação sobre o balbucio como sendo uma forma de expressão dos bebês, uma maneira pela qual os "más pequenitos" descobrem suas relações com o mundo.[14] Os apresentadores, Jorge Sossa e Clara Calderón, relatam que o balbucio "además de ser una herramienta para contactarse con el entorno, es una

---

[13] A emissão *Balbuceos y Canciones* foi veiculada no dia 07 de fevereiro de 2015 (CON ALMA de niños, 2015).

[14] Citação logo ao início da emissão (CON ALMA de niños, 2015).

manera de ir entrenando los músculos faciales y los órganos fonatorios para poder aprender hablar y [...] acercarse hacia su lengua materna".[15] Explicam que essas vocalizações criam um momento de diálogo com os adultos, que passam a interpretá-las, concedendo-lhes um sentido contextual. A partir daí, os balbucios evoluem para repetições de sílabas, como, por exemplo, "ma ma" até se transformarem em brincadeiras vocais com sílabas diferentes que trazem, em si, entonações ascendentes e descendentes parecidas com as formas de falar dos adultos.

A primeira música mostrada é "Arrorró", do *CD Ruidos y Ruiditos: cantos de cuna y romances* de Judith Akoschky:[16] "Arrorró mi niño, arrorró mi sol, / arrorró pedazo, de mi corazón. / Este niño mío, se quiere dormir / y el pícaro sueño no quiere venir. / Este niño lindo se quiere dormir / cierra los ojitos y los vuelve a abrir". Este acalanto começa com balbucios de um bebê de 13 meses, Cristóbal Pablo Schulkin; é cantado por Susanna Moncayo e Galo Hugo García,[17] em um arranjo com instrumentos de percussão com sonoridade aguda. As "notas finais" caracterizam-se por balbucios novamente. Na sequência, ouve-se uma cantiga originária do Chile, do mesmo *CD* de Judith Akoschky, *Haga tuto, guagua*. A instrumentação percussiva, porém leve, apresenta a constância rítmica característica de um *ostinato* — sonorizando o trote de um burrinho. Em meio à voz feminina que canta, há sons emitidos por uma vaca, balbucios e risadinhas de um *guagua*,[18] um bebê:

> Haga tuto, guagua, que parió la gata / cinco burriquitos y una garrapata. Dormite niñito que viene la vaca / con los cachos de oro y la uña é plata. Dormite guagüita que viene la cierva / a saltos y brincos por entre las piedras.

Sossa menciona a necessidade de se conversar com os bebês pouco antes que o sono venha, em sinal de afeto, aconchego. A música para

[15] Citação aos 1:58' minutos da emissão (CON ALMA de niños, 2015).

[16] Conforme Akoschky (1988), *Arrorró* é um *canto de cuna* tradicional da Argentina. Judith Akoschky participou como palestrante no *4º Encuentro* do *MOCILyC*, na Argentina, em 1999; e no *6º*, no Brasil, em 2003 (RAMOS, 2018a, p. 389, 393-394).

17 Ficha técnica conforme descrição no encarte do *CD*; ver Akoschky (1988).

[18] Termo que designa os "más pequeñitos", no sul do continente, conforme Con alma de niños (2015), aos 4:35' minutos da emissão. Conforme Akoschky (1988), a voz feminina e a do bebê são as mesmas de *Arrorró*.

acunar, "Soñando estrelas", do argentino Hugo Figueras, é mostrada em um arranjo instrumental, com sonoridade delicada e andamento lento. A obra foi composta para dialogar com os balbucios de sua filha.[19]

Calderón descreve o desenvolvimento da linguagem do bebê, em seus primeiros meses de nascimento, baseando-se em estudos de psicopedagogia: os neném comunicam-se por meio de gestos e sons, e também do choro, indicando algo de que não estão gostando, que sentem fome, medo, dor, entre outras necessidades. Sossa discorre sobre essa primeira etapa de comunicação — baseada em balbucios, choros, sorrisos, que vai até cerca dos doze meses de idade — e anuncia uma canção tradicional do Pacífico colombiano, "Estaba llorando", interpretada por Inés Granja, mediante a qual são descritas expressões do pranto de um bebê.[20] A obra é finalizada com o choro do neném, parecendo se acalmar.

Calderón relata sobre as "evoluções" nos modos de comunicação dos neném que, a cada dia, conferem mais sentido por meio de sorrisos, que sinalizam situações prazerosas, de sons guturais e vocálicos, ganhando mais "intencionalidade e significado".[21] Convida à audição de "Cuna para Magdalena", "música negra" do Pacífico colombiano, protagonizada pela *marimba de Chonta* — instrumento de percussão, de matriz africana — do compositor colombiano Juan David Castaño. A música, em sonoridade suave, foi pensada para sua filha.

A emissão prossegue referindo-se ao crescimento dos bebês e à evolução das formas comunicacionais mediante as quais as explorações sonoras se aproximam cada vez mais aos sons de palavras. São exibidas canções do argentino Jorge Marziali: "Por qué será que estando la vaca atada el ternero no se va" e "Aguacero pasajero". A primeira, em andamento tranquilo, é interpretada por voz e violão com rápida intervenção de crianças em coro, e traz à cena uma vaca com seu bezerro. Em "Aguacero pasajero", há diálogos entre o cantor e crianças maiores.

---

[19] Hugo Figueras participou do *7º Encuentro* do *MOCILyC*, realizado no Uruguai, em 2005 (RAMOS, 2018a, p. 402), e do *13º*, na Argentina, em 2017 (informação verbal, concedida por Hugo Figueras, via *e-mail*, em 08 de abril de 2020). Os dizeres de Sossa e a música "Soñando estrellas" estão aos 6:40' minutos da emissão.

[20] Citações conforme Con alma de niños (2015), aos 10:18' minutos da emissão.

[21] Aos 14:23' minutos da emissão, seguindo com "Cuna para Magdalena" (CON ALMA de niños, 2015).

A seguir, a narrativa firma-se em questões sobre quando seria a passagem entre os balbucios e as primeiras palavras do bebê, fase em que começam a imitar os sons emitidos por seus pais e a relacionar informações contextuais, por exemplo, sobre objetos. Aparecem as primeiras palavras, quase sempre acompanhadas de gestos, ainda que incompletas, mas com o devido significado compreendido, como: "ága" para "água". A *nana* mostrada é "Mece mece", do mencionado *CD* de Akoschky. Esta *nana*, tradicional da Espanha, é entoada por voz feminina *a cappella*, numa brincadeira com palavras entre balbucios e grunhidos de um neném: "mece, mece, mece, / tetita no merece, / yo que me mecí, / tetita merecí".[22] O verbo *mecer*, mover rítmica e lentamente, desvela a ideia do balançar calmo e harmonioso do berço.

Calderón menciona a importância de respostas dos pais aos balbucios dos bebês, seja com palavras, seja com expressões faciais, denotando carinho e interesse pelo desenvolvimento da fala. Ouvem-se *Arrullos*, de origem mexicana, do citado *CD Ruidos y Ruiditos*, em um arranjo dançante ao som de flautas e voz feminina: "[...] yo quisiera ser paloma / pero de las muchas azules, / para llevarte a pasear / sábado, domingo y lunes. [...]".[23] Segundo Calderón, temas musicais e canções ajudam na comunicação entre pais e filhos; cantar com o bebê, incluindo as crianças maiores, fortalece os vínculos de afeto de modo "insubstituível".[24]

O programa, que até então apresentou canções e cantigas de ninar em idioma espanhol, mostra "Alecrim", domínio público em Língua Portuguesa, interpretada pela docente e musicoterapeuta argentina Magdalena Fleitas,[25] com participação de crianças, em versos nos dois idiomas. Sossa comenta o quanto "es mágico" ver os bebês crescendo, desenvolvendo seus gestos e recursos sonoros; e anuncia outras duas canções do *CD Risas del viento* de Magdalena Fleitas, "Mariposa" e "Mi

---

[22] Narrativa aos 24:06' minutos da emissão, seguida pela canção "Mece mece", interpretada por Susanna Moncayo e Cristóbal Pablo Schulkin (AKOSCHKY, 1988).

[23] Citação aos 26:18' minutos da emissão. Segue-se "Arrullos", arranjo de Gabriel Pérsico (AKOSCHKY, 1988).

[24] Comentários aos 30:50' minutos, seguidos pelas interpretações de Magdalena Fleitas.

[25] Fleitas participou do *13er Encuentro* do *MOCILyC*, em 2017, conforme consta na programação do evento, portanto, após a produção de *Balbuceos y Canciones*. Não encontrei outros registros nesse sentido.

burrito".[26] A primeira começa com sons de *niños* brincando e segue com um *solo* de criança, *a cappella*. "Mi burrito", também sem acompanhamento instrumental, é entoada por várias crianças, trazendo onomatopeias: "iô, iô, iô".

A emissão avança alternando comentários, sobre o desenvolvimento da fala nos primeiros meses de vida, e as canções:[27] "Canción del globo que se llevó al viento", de Marziali, que se inicia com um diálogo com crianças maiores, as quais respondem perguntas; "Sete Telane", tradicional do Peru, cantada por Magdalena Fleitas — traz "palavras, sem aparente significado semântico", provenientes de idiomas ancestrais, o que pode lembrar, segundo Calderón, as rítmicas dos balbucios; "El campo" e "El sapito", entoadas com *solo* de criança, *a cappella*, também do *CD* de Fleitas — soam quase como improvisações, com voz "gritada" em "El campo". Sossa comenta sobre os possíveis gritos emitidos pelos "pequenos", argumentando que eles devem ser entendidos como parte das explorações sonoras para a "aquisição da linguagem".[28] Calderón chama a atenção para a não interrupção dos "monólogos" em que muitas vezes os bebês se encontram entretidos quando estão "sozinhos". São momentos de buscas e descobertas que favorecem a "evolução intelectual" e o "aparato fônico".[29] Sossa prossegue com dois "acalantos tradicionais do Brasil recopilados por Mara Fontoura": "Sucu sossegue" e "Dorme Suzana".[30] Exponho os versos da segunda cantiga:

> Dorme Suzana, que eu tenho o que fazer. Vou lavar e engomar camisinha pra você. Êh êh êh êh êh, Suzana é um bebê, ih ih ih ih ih, Suzaninha vai dormir. [...] Ah ah ah ah ah, Suzana quer apanhar, ih ih ih ih ih, Suzaninha vai dormir.

---

[26] Comentários aos 35:10' minutos com a apresentação de canções do *CD Risas del viento*, de Magdalena Fleitas.

[27] Comentários e canções a partir dos 36:46' minutos da emissão.

[28] Comentários de Sossa sobre "El campo" e "El sapito" a partir 45:34' minutos da emissão.

[29] Citações de Calderón aos 46:40' minutos, seguidas por comentários de Sossa.

[30] Mara Fontoura participou do I Encontro do *Movimento Brasileiro da Canção Infantil*, em 2010 — movimento vinculado ao *MOCILyC* — e da 10ª edição do *MOCILyC*, em 2011 (Brasil) (RAMOS, 2018a, p. 250; p. 404).

A emissão é finalizada com a dançante "Dando la vuelta", contida em *Risas del viento*, de Magdalena Fleitas, uma canção que, segundo Sossa, se traduz em uma brincadeira com sons e expressões vocálicas, explorando mudanças de sonoridades e timbres.[31]

CONSIDERAÇÕES

Primeiramente, ressalto a relevância de programas de rádio dedicados exclusivamente à veiculação de canções respeitosamente pensadas para o público infantil. Em meio a tantos produtos provenientes da Indústria Cultural, *Con alma de niños* destaca-se como uma valiosa oportunidade de acesso a diferentes possibilidades musicais que não circulam na grande mídia. Além disso, seus apresentadores, Jorge Sossa e Clara Calderón, mostram atenção especial às temáticas das emissões, contextualizando o teor dos diálogos — dirigidos a pais, docentes e cuidadores — ao repertório de músicas e à procedência geográfica das obras musicais.

Encontro ressonâncias entre as narrativas de *Con alma de niños* e os aportes teóricos citados neste breve estudo. Dentre os pontos que emergiram da análise, destaco: o papel da música como forma de comunicação e de manifestação de afeto entre pais, mães, cuidadores e crianças; a incidência de voz masculina nos *cantos de cuna*, aludindo à participação do pai nos momentos de embalo dos nenéns; a mostra de cantigas em que os bebês são protagonistas dos arranjos musicais, por meio de seus balbucios, explorações e expressões vocais.

A concepção de criança e, especialmente, de bebê como sujeitos de direitos — princípio fundamental entre os referenciais teóricos mencionados neste relato — é percebida por meio dos acalantos que mostram as diferentes fases dos balbucios e do desenvolvimento da fala. Em consulta à ficha técnica do *CD* de Akoschky, empregado por quatro vezes em *Balbuceos y Canciones*, constatei que há, inclusive, o nome e a idade do bebê participante.

Confiro haver um grande respeito pela criança em suas diferentes etapas do crescimento, como, por exemplo, quando Sossa reflete sobre o canto "gritado" em "El campo", do *CD* de Magdalena Fleitas, como sen-

[31] Narrativa de Sossa, seguida da canção aos 52:20' minutos da emissão (CON ALMA de niños, 2015).

do um momento válido de exploração do potencial vocal. Reitero que, obviamente, é possível fazer uma "interferência" cautelosa, de acordo com princípios da musicalização infantil — que alertam sobre cuidados para com a voz da criança — em um momento posterior, mas a *performance*, por assim dizer, não deve ser questionada e, muito menos, interrompida por essa razão.

Con alma de niños tocou canções provenientes de diferentes culturas: Argentina, Brasil, Chile, Colômbia, México e Peru, agregando a diversidade rítmica e sonora da América Latina. Esse fato também condiz com os referenciais dos estudiosos que concebem as crianças, os bebês, como sujeitos de distintos contextos. O enfoque no regionalismo foi demonstrado em "Estaba llorando" (Inés Granja) e "Sete Telane" (Magdalena Fleitas), entre outras canções. Nesta última, ficou evidente, também, a valorização da ancestralidade. No que concerne aos acalantos, houve predominância dos tradicionais e de domínio público, em releituras como as de Judith Akoschky, Magdalena Fleitas e Mara Fontoura. No entanto, há outros *cantos de cuna* contemporaneamente compostos, como "Soñando estrellas", do argentino Hugo Figueras, e "Cuna para Magdalena", do colombiano Juan David Castaño.

Balbuceos y Canciones mostrou predominantemente cantigas de ninar e canções com participação de bebês e crianças maiores, reforçando a ideia de criança como sujeito de direitos e protagonista da própria história e das produções musicais a ela dedicadas.

Uma breve análise das letras das canções apresentadas no programa e descritas em meu texto mostra a referida ambiguidade em "Dorme Suzana", interpretada por Mara Fontoura, quando diz que a menina *quer apanhar*, o que induz à ideia de que, se Suzana não dormir, ela pode sofrer algum tipo de "castigo". A maioria das produções veiculadas na emissão tem letras mais idílicas.

A incidência de músicos em *Balbuceos y Canciones* que participaram de eventos do *MOCILyC*,[32] até a data desta emissão, é revelada nas presenças de Hugo Figueras, Judith Akoschky e Mara Fontoura. Outras composições musicais e/ou interpretações veiculadas, como a de Juan

---

[32] Participações como músicos, nos espetáculos, e/ou como palestrantes, nos Seminários Acadêmicos, conforme Ramos (2018a).

D. Castaño e as de Jorge Marziali e Magdalena Fleitas, certamente são respaldadas por seus atributos éticos e estéticos, conforme princípios de *Con alma de niños*.

Reflito, ainda, sobre a necessidade de atenção ao uso das inovações e facilidades tecnológicas advindas da televisão, *Internet*, *CDs*, *DVDs* e videoclipes. Esses aparatos são ferramentas imprescindíveis para o acesso a infinitas possibilidades musicais, no entanto, concordo que a participação dos pais nessas atividades de apreciação musical e artística é efetiva para o fortalecimento do afeto, especialmente, na primeira infância. Além disso, o contato com crianças em brincadeiras musicais, independentemente do nível de parentesco ou relação, pode favorecer o redescobrimento do sabor da infância, do prazer de escutar canções, de assistir espetáculos cênico-musicais e/ou de inventar, reinventar histórias e brincadeiras.

Por fim, a meu ver, *Con alma de niños* tem como foco a produção do *MOCILyC*, configurando-se como um proveitoso espaço para a formação estética de seus ouvintes, por mostrar canções que normalmente não aparecem no eixo comercial. O programa faz jus ao seu nome: "uma expedição", uma viagem ao mundo infantil, fazendo circular um repertório cancional que respeita a sensibilidade e a imaginação das crianças. *Con alma de niños* é um legítimo e valioso acervo da música para a infância, trazendo também diversificadas informações sobre brincadeiras, ritmos e gêneros musicais da América Latina e do Caribe.

REFERÊNCIAS

ADORNO, Theodor Wiesengrund; HORKHEIMER, Marx. Tradução de Guido Antônio de Almeida. *Dialética do esclarecimento*: fragmentos filosóficos. Rio de Janeiro: Zahar, 1985.

AKOSCHKY, Judith. El lenguaje musical. *In*: SARLÉ, Patricia; IVALDI, Elizabeth; HERNANDEZ, Laura (Org.). *Arte, educación y primera infancia*: sentidos y experiencias. Madrid, España: Organización de Estados Iberoamericanos para la Educación, la Ciencia y la Cultura (OEI), 2014. p. 87-101.

AKOSCHKY, Judith. *Ruidos y ruiditos*: Cantos de cuna e romances. Produção e arranjos: Judith Akoschky. Buenos Aires: Belgrano Norte S. R. L., 1988. v. 4. 1 CD.

BEYER, Esther. Do balbucio ao canto do bebê em sala de aula. *In*: SIMPÓSIO INTERNACIONAL DE COGNIÇÃO E ARTES MUSICAIS. 1., 2005, Curitiba (PR). *Anais*... Curitiba: Deartes - UFPR, 2005, p. 350-356.

BRITO, Maria Teresa Alencar de. *Música na Educação Infantil:* propostas para a formação integral da criança. São Paulo: Peirópolis, 2003.

CARNEIRO, Aline Nunes. *Desenvolvimento musical e sensório-motor da criança de zero a dois anos*: relações teóricas e implicações pedagógicas. 2006. 96 f. Dissertação (Mestrado) - Programa de Pós-graduação em Música, Universidade Federal de Minas Gerais, Belo Horizonte, 2006.

CON ALMA de niños. *Balbuceos y Canciones*. Bogotá: UNradio, 07 fev. 2015. Disponível em: http://unradio.unal.edu.co/nc/detalle/cat/con-alma-de-ninos/article/balbuceos-y-canciones.html. Acesso em: 10 mar. 2020.

CON ALMA de niños. Bogotá: UNradio, 2014. Disponível em: http://unradio.unal.edu.co/nc/categoria/cat/con-alma-de-ninos. Acesso em: 15 abr. 2020.

DE GRANDE, Pablo; REMORINI, Carolina. É um bebê! Olhares das Ciências Sociais sobre os primeiros anos de vida. *DESidades*: Revista eletrônica de divulgação científica da infância e juventude, n. 25, p. 10-26, out. dez. 2019. Disponível em: http://desidades.ufrj.br/wp-content/uploads/DESidades25_PT_site.pdf. Acesso em: 30 mar. 2020.

JOLY, Ilza Zenker Leme; RANIRO, Juliane. Compartilhando um ambiente musical e afetivo com bebês. *Música na Educação Básica*, Londrina (PR): Associação Brasileira de Educação Musical, v. 4, n. 4, p. 08-19, nov. 2012. Disponível em: http://www.abemeducacaomusical.com.br/revista_musica/ed4/pdfs/Revista%20Meb%204.pdf. Acesso em: 15 abr. 2020.

ILARI, Beatriz. *Música na infância e na adolescência*: um livro para pais, professores e aficionados. Curitiba: InterSaberes, 2013. Série Educação Musical.

MOOG, H. *The musical experience of the pre-school child*. Londres: Schott, 1976.

PAPOUSEK, Mechtild. Intuitive parenting: a hidden source of musical simulation. *In*: DELIEGE, Irene; SLOBODA, John (Org.). *Musical beginnings*. New York: Oxford University Press, 1996. p. 88-110.

PARIZZI, Maria Betânia. O canto espontâneo da criança de zero a seis anos: dos balbucios às canções transcendentes. *Revista da ABEM*, Porto Alegre, v. 15, p. 39-48, set. 2006.

PARLATO-OLIVEIRA, Erika. *Saberes do bebê*. São Paulo: Instituto Langage, 2019.

RADIO BUTIÁ. *Quienes somos*. Montevideo: Do Autor, 2020. Disponível em: http://www.radiobutia.com/inicio/quienes-somos/. Acesso em: 15 abr. 2020.

RAMOS, Ana Consuelo. *O Movimiento de la Canción Infantil Latinoamericana y Caribeña*: difusão e contribuições para o campo educacional. 2018. 453 f. Tese (Doutorado) – Programa de Pós-graduação em Educação, Pontifícia Universidade Católica de Minas Gerais, Belo Horizonte, 2018a. Disponível em: http://www.biblioteca.pucminas.br/teses/Educacao_RamosAC_1.pdf. Acesso em: 15 abr. 2020.

RAMOS, Ana Consuelo. As narrativas radiofônicas – A Hora das Crianças – de Walter Benjamin e o programa de rádio @ *Ton y Son*, de Julio Gullco: aproximações conceituais. *In*: REIS, Magali; OLIVEIRA, Thiago Luiz Santos de (Org.). *Notações sobre Teoria Crítica*: educação e cultura. Curitiba: CRV, 2018b. v. 1, p. 99-122.

REIS, Magali; BORGES, Roberta Rocha (Org.). *Educação infantil:* arte, cultura e sociedade. Curitiba: CRV, 2016.

REIS, Magali dos; GOMES, Lisandra Ogg (Org.). *Infância:* sociologia e sociedade. São Paulo: Levana, 2015.

RODAPIÃO, Duo. *Murucututu*. Arranjos, adaptações, pesquisas de fontes sonoras, execução e direção musical: Miguel Queiroz e Eugênio Tadeu. Belo Horizonte: Selo Palavra Cantada, 2002. 1 CD.

SANTOS, Jorge Enrique Sossa. Una puesta en escena pensada en los niños o la expedición al mundo infantil. *In*: BRUM, Julio (Org.). *Panorama del Movimiento de la Canción Infantil Latinoamericana y Caribeña*: estudios, reflexiones y propuestas acerca de las canciones para la infancia. Montevideo: 7° Encuentro de la Canción Infantil Latinoamericana y Caribeña, p. 73-91, 2005.

SARMENTO, Manuel Jacinto; VASCONCELLOS, Vera M. Ramos de (Org.). *Infância (in) visível*. Araraquara: Junqueira & Marin, 2007.

SLOBODA, John A. *A mente musical*: Psicologia Cognitiva da Música. Tradução de Beatriz Ilari e Rodolfo Ilari. Londrina: EDUEL, 2008. Original inglês: *The musical mind*: the Cognitive Psychology of Music.

SOSSA, Jorge. [Entrevista concedida a] Ana Consuelo Ramos. Santiago (Chile): 02 out. 2015. *In*: RAMOS, Ana Consuelo. *O Movimiento de la Canción In-*

fantil Latinoamericana y Caribeña: difusão e contribuições para o campo educacional. 2018. 453 f. Tese (Doutorado) – Programa de Pós-graduação em Educação, Pontifícia Universidade Católica de Minas Gerais, Belo Horizonte, 2018.

STAHLSCHMIDT, Ana Paula M.; AMARAL, Maria Luiza F. do; FINCK, Regina. Cantigas de ninar: fadas e bruxas de mãos dadas para um sono tranquilo. *In*: BEYER, Esther; KEBACH, Patrícia (Org.). *Pedagogia da Música*: experiências de apreciação musical. 3. ed. Porto Alegre: Mediação, 2016. (Coleção Educação e Arte, n. 11).

EDUCAÇÃO VISUAL NO BERÇÁRIO: PRÁTICAS DE CINEMA COM CRIANÇAS PEQUENAS

Mauro Antonio Guari
Rozeli Lemos de Melo
Wenceslao Machado de Oliveira Junior

Ousadia é muito importante.
E acredito que esse negócio de "não saber"
até ajuda. Não saber significa que eu preciso
saber/aprender. Não saber já é uma forma de
tentar fazer.
Não saber pode ser um excelente dispositivo.
E afinal das contas, o que é saber?
Será que existe um saber fazer?

Mauro Antonio Guari
em uma das cartas trocadas com
Rozeli Lemos de Melo

PREÂMBULOS SOBRE A ESCRITA DESTE TEXTO

Como criar práticas de escrita coletiva que tragam aquilo que afeta as pessoas para as frases e os parágrafos, para as linhas e as entrelinhas? Como fazer da própria escrita em coautoria uma prática de intimidade e de pensamento? Essas são perguntas inerentes às atividades das e dos participantes do *Projeto Lugar-escola e cinema: afetos e metamorfoses mútuas*,[1] uma vez que ele se propõe a produzir textos que relatem e re-

[1] Projeto financiado pela Fapesp [processo 2018/09258-4] com seis bolsistas/profissionais da Educação Infantil, entre eles a autora e um dos autores deste texto. Tendo em vista que as experimentações com o cinema com bebês discutidas neste artigo se inserem no contexto mais amplo da pesquisa realizada nesse Projeto, trazemos para esta nota de

flitam as experiências com cinema vivenciadas em duas escolas públicas de Educação Infantil.

Como, então, (d)escrever os aprendizados e as dificuldades comuns — ainda que vividas singularmente? Ou melhor, como indicar que são exatamente eles e elas — aprendizados e dificuldades — que configuram o "comum" do Projeto? Comum sendo aquilo que se configura como um "problema"; problema sendo aquilo que exige pensamento, não necessariamente solução.

Como deixar vazar na escrita também as sensações que atravessam os corpos das e dos participantes no enfrentamento desses problemas, no partilhamento de aprendizados e dificuldades, na circulação entre nós das glórias, dos esforços e das tristezas?

Nossa resposta, provisória, a todas as perguntas acima vem sendo a escrita de cartas. Esta tem sido uma prática de escrita que vem sendo experimentada pelos seis bolsistas do *Projeto Lugar-escola e cinema*, por seu coordenador e pela doutoranda que desenvolve pesquisa com os integrantes e materiais do *Cineclube Regente/Cha*.[2] No entanto, a troca

---

rodapé seu resumo: "Situado no escopo geral das possibilidades e combates abertos pela lei 13006/14, esse é um projeto de acompanhamento das experiências com o cinema num lugar-escola, nesse caso, o lugar reúne duas escolas públicas de educação infantil situadas na periferia da cidade de Campinas. Essa é uma proposta de pesquisa cartográfica no encontro entre cinema e escola, entre um cinema (tomado como arte) que pretende entrar em devir cineclube e duas escolas que pretendem entrar em devir cinema... e cineclube. A pesquisa tem como 'problema' mais geral as relações entre espaço e imagem em um contexto educativo e se configurará por acompanhar as variações mútuas no lugar-escola (espaço) e no cinema (imagem) a partir da chegada de um outro modo do cinema operar (através de dispositivos de criação) naquela comunidade escolar, outro modo do cinema produzir práticas e experiências educativas nos profissionais e nas crianças, os quais serão tomados em 'condição autista', de falta de linguagem ao terem seus corpos acoplados a uma câmera, fazendo com que o acompanhamento se dê como um experimentar com Fernand Deligny, um localizar(se) (n)o terreno-lugar, fora do si mesmo. Desse acompanhamento emergirão cartografias dos afetos e dos trajetos, através de escrito e mapas realizados pelos pesquisadores da universidade e pelos seis profissionais das escolas que atuarão como pesquisadores, com diferentes funções e focos de pesquisa. Nesse sentido, é um projeto que busca realizar uma formação continuada de professores que não seja operada via capacitação, mas sim via criação de percursos diversos de (re)inventar-se professor nas proximidades do cinema".

[2] Marcelly Camacho Torteli Faria. *Projeto: Ensaios de infâncias: cinema-escola e as cartografias do feminino no tempo.*

de cartas não se restringiu aos integrantes do Cineclube, uma vez que alguns deles remeteram suas cartas a outras profissionais da educação que vêm realizando experimentações com cinema nos últimos anos e mantêm trocas intensas no grupo de WhatsApp *Cinema entre escolas*.

Uma vez que dois dos coautores do texto vêm experimentando com o cinema no berçário, optamos por iniciar a escrita pela troca de cartas entre eles. Um escreveu quatro cartas e a outra escreveu três. Nelas buscaram relatar e refletir sobre as (im)possibilidades das experiências com cinema *sobre* e *com* bebês, experiências tanto de assistir a filmes quanto de produzi-los. Uma grande parte deste texto é composta por trechos dessas cartas, os quais aparecerão destacados e identificados, às vezes repetidos em mais de uma das partes do texto. Cabe dizer também que, para dar maior potência às cartas e às experiências empíricas que as atravessam, optamos por não incluir no texto principal citações de autoras e autores que temos lido, deslocando nossas referências conceituais para as notas de rodapé.

Da leitura das sete cartas por ambos os destinatários e pelo coordenador do Projeto acima referido, também autor deste texto, foram extraídos os quatro temas aqui tratados: "Os bebês no movimento de criação do Cineclube", "Camaradagem: relação importante para um Cineclube", "A passagem dos bebês de espectadores para agentes de filmagem" e "Sobre viajar na maionese e cinema de inventar".

Antes, porém, faremos uma breve contextualização do lugar-escola onde essas experiências se deram e seguem acontecendo.

1. INTRODUÇÃO: DUAS ESCOLAS EM DEVIR CINEMA

Na calçada da Rua das Perobas há dois portões em um gradeamento contínuo. Cada um deles dá entrada a uma escola de Educação Infantil, *Centro de Educação Infantil-CEI Cha Il Sun* e *Centro de Educação Infantil-CEI Regente Feijó*. As duas escolas funcionam em um único prédio situado numa grande quadra de um bairro de periferia da cidade de Campinas. As escolas comunicam-se por passagens localizadas na frente e atrás desse prédio, possuindo também uma única equipe gestora e uma ampla rede de trocas entre seus profissionais. Uma dessas redes se fez em torno do *Cineclube Regente/Cha*, para o qual uma das salas de aula foi adequada com cortinas, projetor de teto, tela grande e sistema de som, conforme se pode-se ver nas fotografias das Figuras 1 e 2.

Figura 1 – Fotos da sala do Cineclube Regente/Cha

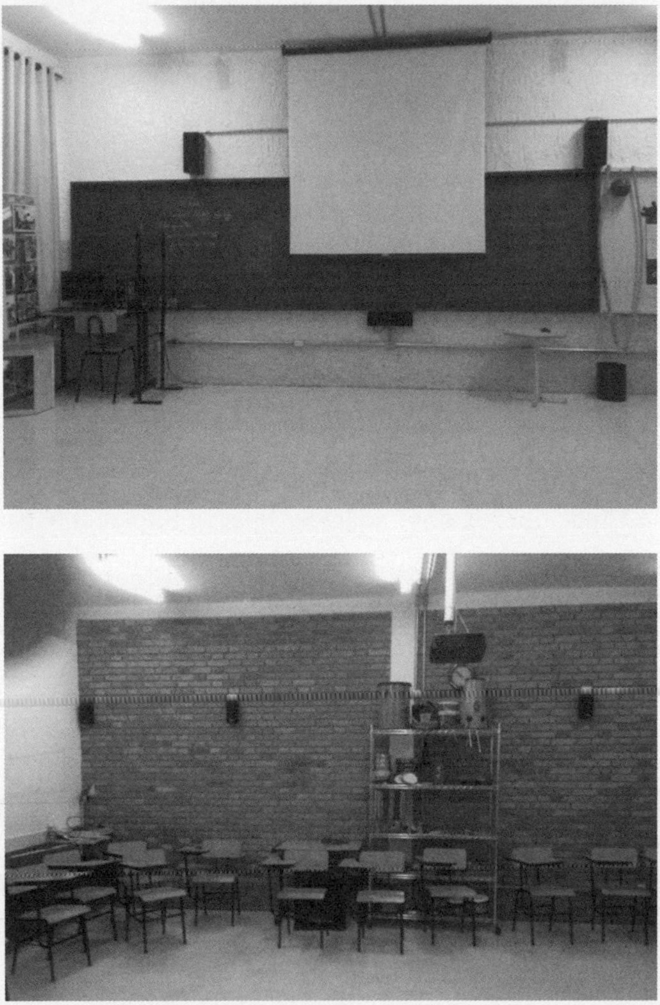

Fonte: Acervo Cineclube Regente/Cha.

Figura 2 – Fotos de sessão de cinema para crianças na sala do Cineclube Regente/Cha

Fonte: Acervo Cineclube Regente/Cha.

O *Cineclube Regente/Cha* é um dos cineclubes escolares criados no escopo do *Programa Cinema e Educação: a experiência do cinema na escola de educação básica*,[3] implantado nas escolas da rede municipal de Campinas em 2016, como desdobramento da aprovação da Lei nº 13.006/14[4] e tendo as múltiplas experimentações com o cinema como um de seus norteadores, evitando processos de capacitação centralizados e diretivos. Assim, cada escola vem criando seus próprios modos de fazer cinema e seus próprios modos de assistir a filmes, de maneira que as experiências com cinema nas escolas ocorram como um processo de formação continuada de profissionais da educação pautado em descobertas e partilhas que fazem o cinema e a educação proliferarem em sentidos tão diversos quanto imprevisíveis, uma vez que eles acontecem mobilizados pelos problemas e possibilidades de cada escola.[5]

---

[3] Disponível em: http://educacaoconectada.campinas.sp.gov.br/programa-cinema-educacao/.

[4] Essa Lei acrescenta o parágrafo 8º ao artigo 26 da Lei Federal nº 9.394 com o seguinte texto: "A exibição de filmes de produção nacional constituirá componente curricular complementar integrado à proposta pedagógica da escola, sendo a sua exibição obrigatória por, no mínimo, 2 (duas) horas mensais". No entanto, ela ainda não foi regulamentada.

[5] Tendo em vista essa forte vinculação com cada local onde o cinema aporta, foi proposto e aprovado o *Projeto Lugar-escola e cinema* para acompanhar e intensificar os

Em nosso caso, seria mais correto dizer das escolas, no plural, uma vez que, apesar de serem duas as escolas, o local que elas ocupam é um só, conforme pode ser visto na Figura 3, em que também estão visíveis os amplos parques arborizados situados nas extremidades da quadra ocupada pelas escolas, onde se localizam também alguns brinquedos coletivos, não visíveis na imagem.

Figura 3 – Imagem do quarteirão onde se situam as duas escolas

Fonte: Google Earth.

Essas árvores e brinquedos aparecem em muitos dos filmes realizados nas escolas desde 2016 e disponíveis para acesso público no canal do *Youtube* do Cineclube.[6] Nesses filmes também aparecem muitos dos espaços internos das escolas, como pátios, salas de aula e refeitório, bem como a sala de cinema.

São quatro turmas na *Cha Il Sun*, todas em período integral, e dez turmas na *Regente Feijó*, três delas em período integral e sete em período parcial, envolvendo mais de trinta profissionais da Educação Infantil, 90% deles sendo mulheres. Se somarmos a essas profissionais as equipes de limpeza, cozinha e segurança, temos mais de cinquenta pessoas adultas circulando pelas escolas diariamente, mais de 95% deles

---

processos inventivos — de educação e de cinema — que vêm se realizando entrelaçados ao *Cineclube Regente/Cha*.

[6] Disponível em: https://www.youtube.com/channel/UCrSABemrU4n_HGEH4fDvK3A.

sendo mulheres, compondo o ambiente educativo de cerca de duzentas crianças entre 0 e 6 anos.

Este texto relata e reflete sobre experiências vividas na *CEI Cha Il Sun*, onde estão as turmas com crianças bem pequenas.

2. OS BEBÊS NO MOVIMENTO DE CRIAÇÃO DO CINECLUBE

Quando algo é planejado no Centro Integrado Municipal de Educação Infantil-CIMEI 15,[7] não existe uma distinção do que é só para crianças maiores e do que é só para bebês. Respeitando as questões de adequação e segurança, existe sempre um olhar atencioso para o planejamento de como os bebês podem participar de determinado evento. Isso não foi diferente na chegada do Cineclube. A princípio, no início do projeto em 2017, uma professora do *CEI Cha Il Sun*, a autora deste texto, ficou responsável em desenvolver as atividades de cinema nessa unidade que atende bebês de 0 a 3 anos.

> Nem eu, nem as duas professoras que desenvolviam as atividades do Cineclube no CEI Regente Feijó sabíamos como conduziríamos o projeto e começamos a filmar as crianças no parque de forma aleatória. Eu optei por passar uma tarde com cada turma filmando tudo, para depois assistir a filmagem inteira e fazer cortes do que eu achava que poderia ser um filme: sequências que para mim eram ações significativas como uma brincadeira, um gesto ou uma sequência de gestos (Trecho de carta de Rozeli para Mauro).

Parecia-nos naquele momento que o correto é que bebês e crianças fossem filmados e depois se vissem, em filmes já editados, na tela grande da sala do Cineclube em uma única sessão anual.[8]

> [...] Nesse primeiro ano, fizemos apenas a apresentação no final do ano para as famílias e também combinamos com as equipes de levar uma turma de cada vez para acompanhar a sessão [...] (Trecho de carta de Rozeli para Mauro).

---

[7] Centro Integrado Municipal de Educação Infantil, que reúne as duas escolas, *Regente Feijó* e *Cha Il Sun*.

[8] Dessas primeiras experimentações surgiram filmes como *Só rindo* e *Pega pega*, em que vemos crianças bem pequenas interagindo entre si ou com algo de seu entorno, no caso um facho de luz.

Foi característica desse primeiro ano a exclusão total do som ambiente durante a edição dos filmes. Parecia-nos correto colocar músicas que dessem uma dinâmica diferente ao filme. Naquele momento, pensávamos ser esse o movimento correto a se fazer em todos os filmes.

> Outra característica dos primeiros filmes desse período era o uso de música [...]; eu achava que tudo tinha que ter música. Acredito que por um lado influenciada pelo cinema de Hollywood e por outro lado indo ao encontro dos filmes infantis que comumente apresentamos às crianças, que prendem a atenção dos bebês com músicas [...] (Trecho de carta de Rozeli para Mauro).

Observar os bebês e suas reações durante as sessões era uma das nossas funções, porque queríamos ver e avaliar o impacto desses filmes nos bebês para podermos melhor traçar estratégias para as próximas filmagens e filmes. Então, enquanto eles olhavam as telas, lá estávamos nós a olhá-los atentamente.

> Algumas dessas crianças riam ao se verem na tela e apontavam para si e para os outros; um deles ao se ver correndo, começou, mesmo sentado, a bater os pés no chão. Um deles, estrela do filme "Só Rindo", se escondeu atrás de outro amigo ao se ver na tela (Trecho de carta de Rozeli para Mauro).

Essas observações, avaliações e conversas com as equipes do *CEI Cha Il Sun* nos levaram, em 2018, a tentar um novo formato de atendimento aos bebês, com sessões semanais de curtas nacionais ou de filmes elaborados por nós da equipe do Cineclube e das equipes de profissionais de cada sala, uma vez que, a partir do segundo semestre de 2017, as equipes também começaram a fazer filmagens das suas turmas.

Note-se que, ao solicitar sessões semanais, há nas equipes das diversas salas da escola um reconhecimento da importância do cinema. Mas, como tudo ainda era novo, desprezamos a princípio a possibilidade da locomoção dos bebês para a sala do Cineclube que fica em uma das salas do *CEI Regente Feijó*. Com crianças muito pequenas há uma necessidade maior de logística, como organização do horário do café da manhã, definição de um modo de locomoção — porque alguns ainda não andam ou estão em processo de aprendizagem de andar —

e questões de higiene —, porque havendo a necessidade de troca de fralda, há a necessidade de um dos educadores retornar ao prédio do *CEI Cha Il Sun* para efetuar a troca.

Também nesse ano começamos a deixar alguns filmes com som ambiente; ainda que em alguns deles a música aparecesse ao fundo, com volume mais baixo, podia-se ouvir o som do ambiente e as vozes das crianças e suas educadoras.

> No segundo ano de projeto, atendendo aos pedidos das equipes, tentamos fazer sessões regulares para os bebês, ou seja, uma vez por semana. O que acabou acontecendo é que eu tinha que organizar as sessões durante meu horário de trabalho, porque as sessões eram de manhã, e fazer curadoria toda semana. Isso durou alguns meses, até que percebemos que a demanda era muito grande, até mesmo para as equipes das salas, que tinham de deslocar as crianças. Nesse segundo ano, as equipes passaram a também fazer filmagens que nos eram enviadas para edição. Nesse ano passamos a ter filmes que mesclavam músicas e falas, as vezes as músicas vinham ao fundo e era possível ouvir as falas dos adultos e crianças (Trecho de carta de Rozeli para Mauro).

Nas reuniões semanais do projeto, fomos conversando e fomos sendo instigados a cada novo filme a propor novas formas de edição, até que chegamos a ponto de deixar os filmes somente com o som ambiente.[9] Da mesma forma, concluímos que as sessões para os bebês poderiam ocorrer da mesma maneira que para as crianças maiores.

> Fomos indo até o momento que entendemos e compreendemos como o som do ambiente também fazia parte do filme e como o projeto voltado para os bebês tinha que seguir a mesma linha das crianças maiores. Portanto, se as crianças maiores tinham uma sessão por mês, os bebês também teriam; não precisávamos nem os deixar com uma sessão só ao ano, como no primeiro ano, e nem proporcionar mais sessões para eles que para os demais (Trecho de carta de Rozeli para Mauro).

---

[9] Sobre as experiências vividas nos primeiros anos do *Cineclube Regente/Cha*, ver *Encantamentos e desassossegos – fragmentos dos (des)encontros entre cinema e escola de educação infantil* (OLIVEIRA JR. *et al.*, 2019).

Mesmo com a decisão de fazermos sessões iguais para crianças e bebês no início de cada ano, respeitamos a peculiaridade dos bebês. Por exemplo, começamos a levá-los para a sala do Cineclube somente quando a adaptação[10] deles à escola já está num processo mais adiantado, porque para os bebês há uma adaptação inicial aos educadores que com eles trabalham e, só posteriormente, se realiza a adaptação ao ambiente escolar. Levá-los para outro ambiente sem que estejam adaptados aos educadores não é o ideal, pois provoca choro e desconforto.

Ao estarem adaptados eles sabem que estarão seguros em novos ambientes com os educadores que para eles são referência. A escolha pelas primeiras sessões de cada ano também passa por esse olhar. Em 2019, optamos por filmes do ano anterior em que alguns desses bebês apareciam. Em 2020, não realizamos nenhuma sessão, uma vez que o contingenciamento devido à pandemia levou ao fechamento das escolas antes que o período de adaptação houvesse se realizado completamente.

Com a decisão de que os bebês assistiriam à mesma sessão que as crianças maiores, chegamos ao momento em que a escolha de um filme causou uma discussão bastante intensa entre os membros do *Cineclube Regente/Cha*, pois o grupo se dividiu entre aqueles para quem o filme escolhido pela curadoria[11] não seria apropriado para os bebês, pois despertaria neles medo, e aqueles que entendiam que isso não ocorreria.[12]

Para quem trabalha com bebês são recorrentes determinadas discussões e o posicionamento de quem com eles trabalha é fundamental para a tomada de decisão, o que também ocorreu nesse caso, optando-se por bebês e crianças assistirem ao mesmo filme, tendo tido, ao final, a mesma atenção e empolgação.

---

[10] Adaptação refere-se ao período, bastante variável, em que os bebês são, aos poucos, deixados aos cuidados da escola e seus educadores.

[11] Curadoria é o processo de seleção de filmes utilizando alguns critérios específicos, no nosso caso, a seleção de curtas-metragens ou de filmes realizados na própria escola para serem exibidos para as crianças e para a comunidade escolar.

[12] Esse processo está relatado e discutido no ensaio *Um castelo de areia na escola de educação infantil – curando filmes e medos*, ainda não publicado.

> Pensei em como começar essas sessões e optamos por fazer a primeira com filmes do ano anterior em que a maioria dessas crianças apareciam. Foi nesse ano que um dos atores do filme SOHLEPSE se viu, apontava para si e falava "olha eu", sorrindo sem parar. Assim continuamos as sessões mensais até que efetivamente fui fazer a curadoria para o mês de setembro e escolhi o filme Chateau de Sable e indiquei para que ele fosse assistido por toda a escola e não somente por uma faixa etária. Essa história você já conhece bastante, mas vou resumi-la aqui: tivemos toda a polêmica de que os bebês e crianças menores sentiriam medo e o que acabou acontecendo foi que bebês e crianças ficaram encantadas com o filme, houve reverberações no parque e em casa e as crianças pediam para ver novamente. Na sessão dos bebês o que observamos foi muito encantamento e nenhum medo (Trecho de carta de Rozeli para Mauro).
>
> Eu acompanhei pouquíssimas sessões que vocês fizeram nas escolas. Mas o que chama atenção e que me parece ser uma das "magias" do cinema é a reação das crianças (Trecho de carta de Mauro para Rozeli).

Assim os bebês foram sendo inseridos no mundo do cinema sempre tendo como norte o que dissemos anteriormente: tudo é possível aos bebês desde que fiquemos atentos às especificidades que a idade requer. Nada é fácil e requer sempre observação e avaliação para propormos o que achamos ideal para aquele momento.

> [...] se fôssemos nos ater no cinema que conhecemos, nunca faríamos cinema, mas tudo foi um processo [...]
>
> [...] fomos tateando até descobrir que não existe uma fórmula única para as sessões com os bebês. Na verdade, elas podem ser iguais, isso claro, pensando nas especificações da demanda que envolve trabalhar com bebês. A questão da música muitas vezes prende a atenção sim deles, mas podemos ter o som ambiente ou a imagem de um amigo instigando o olhar desses bebês, também (Trechos de cartas de Rozeli para Mauro).

O projeto Cineclube seguiu seu caminho até ao momento em que as crianças maiores começaram a fazer seus primeiros experimentos de filmagem. Será que nossos bebês também passariam por esse processo?

3. CAMARADAGEM: RELAÇÃO IMPORTANTE PARA UM CINECLUBE

Para a construção e consolidação do *Cineclube Regente/Cha* não foi apenas o amor pelo cinema que se fez necessário. Foi preciso também despontar um tipo de relações humanas que, muitas vezes, quer pelo atropelo da vida, quer também pela lógica do neoliberalismo — não nos enganemos, apesar de não ser uma pauta pura de compra e venda, ele está presente dentro da educação pública —, são imperceptíveis, mas estão presentes no dia a dia de trabalho dentro das escolas: são as relações de camaradagem, coleguismo, companheirismo, aliadas à liberdade de podermos exercer nossas funções dentro do cineclube, à liberdade em poder filmar. Também é pertinente dizer que o cineclube está inserido no Projeto Político-Pedagógico (PPP) de ambas as escolas.

Necessário esclarecer que no *Cineclube Regente/Cha*, assim como no Programa Cinema e Educação, não entendemos a já citada Lei nº 13.006/14 apenas na perspectiva da exibição de filmes. Nós a entendemos como uma oportunidade de fazer cinema autoral em nossas escolas e tornar as crianças protagonistas dos filmes. Óbvio que essa perspectiva se tornou um pouco mais difícil,[13] uma vez que nos voltamos a produzir filmes e, para isso acontecer com toda a sua potencialidade, as relações de camaradagem e liberdade foram fundamentais.

Um dos autores deste texto chegou ao *CEI Cha Il Sun* em janeiro de 2018. Em maio, nós começamos a fazer um filme para a *13º CineOp* (Mostra de Cinema de Ouro Preto), na qual ocorre um seminário e uma mostra de cinema produzido em contextos educativos. Foi durante as filmagens, montagem e edição do filme *Ó de Ó eu Mauro* que percebemos como tais relações começaram a aparecer e o quanto são importantes.

> Em 2018 fui para o AGIA, nosso querido berçário; fiz lá e de lá, dois filmes: "Ó de Ó eu Mauro" e "Sohlepse". E só consegui fazer esses filmes devido a camaradagem das colegas.

---

[13] Essa dificuldade resulta do fato de que fazer filmes autorais é muito mais difícil do que filmar, cortar e colocar um fundo musical já consagrado para "casar" com as cenas.

> Em "Ó de Ó eu Mauro", não fosse a liberdade em filmar, em poder chegar antes do horário, a ajuda da Marta[14] e da Sandra[15] eu jamais poderia ter feito. Também a ajuda das colegas do AGIA e inclusive sua, pois você também fez algumas filmagens.
>
> A Marta me abriu a biblioteca e o famoso "baú das recordações", que inclusive me deu o nome para o filme; a Sandra fez parceria comigo nas filmagens, na montagem; a edição ela fez sozinha (na época eu estava engatinhando nisso) e principalmente nas ideias que estava tendo [...].
>
> Ressalto novamente que só foi possível fazê-lo devido ao pensamento da escola sobre fazer cinema e a generosidade das colegas de sala que realizaram várias atividades de sala enquanto eu filmava e inclusive também filmaram e participaram (Trecho de carta de Mauro para Rozeli).

No final de 2018, com o advento da *IV Mostra Kino Campinas e VIII Mostra Estudantil de Cinema*, fizemos outro filme, *Sohlepse*. Naquele momento, um integrante do *Cineclube Regente/Cha*, e autor deste texto, trabalhava no Agrupamento I da *CEI Cha Il Sun*, ou seja, trabalhava com bebês de zero a dois anos. Esse filme, feito com uma temática mais livre, proporcionou-nos perceber as dificuldades e alegrias de se fazer um filme com bebês.

Seria muito fácil fazer um filme com os bebês se seguíssemos determinados clichês, como cortar imagens que poderiam achar inadequadas, colocar uma música infantil consagrada em detrimento do som local, editar com muitos efeitos especiais infantis.

Não é isso que pensávamos e pensamos sobre fazer filmes. Também não é esse o pensamento do *Programa Cinema e Educação* e nem da *Mostra Kino Campinas*.

Queríamos envolver os bebês no filme. Ligamos e colocamos uma câmera/celular nas mãos das crianças — importante dizer que já estáva-

---

[14] Marta de Almeida Oliveira. À época era orientadora pedagógica da Prefeitura Municipal de Campinas nos Centros de Educação Infantil *CEI Regente Feijó* e *CEI Cha II Sun*. Possui graduação em Pedagogia e foi integrante do *Cineclube Regente/Cha* entre 2017 e 2019.

[15] Sandra Regina de Freitas Amaral. Professora da Prefeitura Municipal de Campinas – *CEI Regente Feijó*. Possui graduação em Pedagogia e especialização em Educação Infantil: Alfabetização e Letramento. Integrante do *Cineclube Regente/Cha* desde 2017 e bolsista do *Projeto Lugar-escola e cinema: afetos e metamorfoses mútuas* [Fapesp 2019/18098-3].

mos quase no final do ano e a maioria das crianças já andava — para ver o que aconteceria. O que achamos mais óbvio — deixar cair a câmera — não aconteceu. Mas elas colocavam o dedo na lente e isso dificultava as filmagens.[16] Foi quando percebemos que se deixássemos a câmera em modo *selfie* os bebês iriam interagir de uma maneira diferente com o aparelho e começariam a filmar.

Um dos autores deste texto e as colegas da sala fizeram algumas filmagens, mas os bebês fizeram boa parte das filmagens que compõem o filme. A relação de camaradagem e ajuda das colegas foi fundamental. Muitas vezes elas faziam grande parte da rotina da sala para nos deixar com as crianças e fazer variadas (tentativas de) filmagens. Sem o envolvimento, compreensão, amor das colegas jamais teríamos tempo para fazer isso.

Em 2019, fizemos um filme para o *14º CineOp*, cuja temática era Mulheres e Trabalho. Decidimos então, em reunião do cineclube, usar algumas imagens que eu tinha em meus arquivos.

> Essas imagens foram feitas quando, ao levar as crianças para o parque, eu dei minha câmera/celular para a Gabrielle e pedi que ela desse para alguma criança — no caso eram crianças um pouco maiores — e deixasse-a fazer o que quisesse com a câmera. Apenas ligamos e deixamos em modo "selfie".
>
> Feito isso fui fazer meu trabalho e depois de um bom tempo a Gabrielle me devolveu o aparelho. Lembro-me que ela disse: "Não sei se é isso o que você quer".
>
> E o que eu queria? Nem eu sei. Mas foi bacana olhar depois as imagens que as crianças fizeram. Tem uma diferença danada quando nós fazemos as filmagens ou mesmo quando estamos vendo as crianças filmarem. No caso eu não fiz nem uma coisa nem outra. Foi bastante interessante quando descarreguei as imagens no computador sem saber o que lá estava.
>
> Foi interessante descobrir os caminhos que a câmera fez o que

[16] Cabe lembrar que esse tipo de filmagens em que dedos e outras partes do corpo de crianças pequenas intervêm nas imagens obtidas é tematizado e potencializado em vários trabalhos de César Donizetti Pereira Leite (LEITE; LEITE; CHRISTOFOLETTI, 2017; LEITE; OLIVEIRA, 2019) e visto no material *O que pode a imagem?*, disponível neste *link*: https://www.youtube.com/watch?v=lYR6xRpJbdE.

> chamou a atenção da criança no seu caminhar, os enquadramentos que fez. E seria apenas mais um arquivo não fosse a ideia do Wenceslao em usar essas imagens e montar um filme a partir delas (Trecho de carta de Mauro para Rozeli).

Importante ressaltar que a decisão de utilizar essas filmagens no filme foi tomada em conjunto, por todo o grupo do cineclube. Disso se infere que temos uma boa relação de cordialidade, sintonia e camaradagem. As decisões são sempre tomadas em grupo e, mesmo que um componente faça um filme isolado, a decisão sobre sua exibição ou não, enviar para alguma Mostra ou não, é coletiva, sendo as propostas de cada integrante analisadas, discutidas, aprovadas ou não pelo grupo.

Fizemos então o filme *Fios Tramados ao Acaso*. As imagens de arquivo,[17] realizadas por duas crianças caminhando pelo parque da escola com a câmera ligada, foram adaptadas para o tema da Mostra ao sobrepormos a elas as falas das profissionais da escola gravadas especialmente para o filme.

Durante a realização do filme, as boas relações entre diversos membros das escolas fizeram-se presentes já durante as gravações, uma vez que várias integrantes do *Cineclube Regente/Cha* entrevistaram mais de dez mulheres que trabalham em ambas as escolas, todas se mostrando solícitas ainda que um tanto envergonhadas ao saber que suas palavras e vozes iriam compor um filme.

Em 2019, ocorreu um fato que nos fez fazer um filme e pensar sobre o envolvimento do cineclube com as escolas, notando o aumento das relações de afeto, cuidado e ajuda entre vários profissionais da *Cha Il Sun* e *Regente Feijó* na feitura desse filme com o grupo do cineclube.

Foi o filme *Cigarras*. Esse filme envolveu boa parte dos educadores do período da tarde, tendo a participação de quatro agrupamentos: Turma da Chapeuzinho Vermelho, Turma dos Três Porquinhos, Turma do Jacaré e Turma do Espantalho.

Eles não foram envolvidos da mesma maneira. Alguns fizeram filmagens, outros fizeram desenhos, outros gravaram a música... O en-

---

[17] As imagens de arquivo vêm sendo matéria-prima constante em nossas criações e experimentações cinematográficas, tendo atenção especial de *Wanessa Aparecida Souza Oliveira*, Agente de Educação Infantil da Prefeitura Municipal de Campinas – *CEI Cha Il Sun*. Possui graduação em Comunicação Social com ênfase em Publicidade e Propaganda. Integrante do *Cineclube Regente/Cha* desde 2019 e bolsista do *Projeto Lugar-escola e cinema: afetos e metamorfoses mútuas* [Fapesp 2019/19264-4].

volvimento não foi o mesmo, permitindo experiências com cinema distintas mesmo na produção de um único filme, evidenciando que cada turma e profissional pode se envolver à sua maneira. Isto não auxilia na camaradagem? Pensamos que sim, pois as próprias educadoras escolhem como irão se envolver.

Em uma tarde estávamos, vários agrupamentos, no parque com as crianças quando uma das educadoras nos chamou de longe para ver alguma coisa que estava acontecendo perto dela. Pedia que fôssemos até lá para filmar o que estava acontecendo e dizia que depois poderíamos fazer um filme. O acontecimento a ser filmado era o aparecimento repentino de cigarras que brotavam do solo, terminando seu longo sono hibernal.

Como não podíamos sair de onde estávamos, pedimos que ela mesma filmasse. Não só ela, mas várias profissionais fizeram as filmagens. Consideramos importante esse filme porque marcou para nós a importância do cineclube na escola, notadamente quando uma educadora que não pertence a ele nos chamou para filmar.

As filmagens nos foram mandadas e pudemos fazer o filme que envolveu crianças e profissionais de quatro agrupamentos, bem como a criação de uma música original, por uma das integrantes do cineclube,[18] a partir de falas das crianças sobre as cigarras.

Em poucas palavras, camaradagem e parcerias são fundamentais na execução das tarefas do nosso cineclube, ou seja, das tarefas do cinema realizado em uma escola de Educação Infantil. "Realmente, parcerias/ajudas na sala é fundamental. Sem isso eu não teria feito nenhum filme na escola" (trecho de carta de Mauro para Rozeli).

Mas como a camaradagem foi sendo criada em torno do cinema?

Pensamos que ela foi sendo constituída aos poucos, ao longo dos primeiros anos do *Cineclube Regente/Cha*. Foram os cuidados que são tomados nas filmagens e na criação dos filmes para não constranger crianças e profissionais que apontaram para o conjunto das escolas que elas não serão expostas em suas fragilidades, mas sim em suas potencialidades.

Isso ocorre desde a supressão de qualquer fala fora de contexto captada

---

[18] Mônica Araújo da Silva. Agente de Educação Infantil da Prefeitura Municipal de Campinas – *CEI Regente Feijó*. Possui graduação em Tecnologia de Gestão de Recursos Humanos e Pedagogia e especialização em Ensino de Música e Artes. Integrante do *Cineclube Regente/Cha* desde 2019 e bolsista do *Projeto Lugar-escola e cinema: afetos e metamorfoses mútuas* [Fapesp 2019/18902-7].

em alguma filmagem até o cuidado que temos tido com os créditos, de citar e valorizar todos que participam do processo de realização de um filme.

Por exemplo, em 2020, logo no começo da pandemia, fizemos o filme *Caiu o Xilofone?* com imagens de arquivos de 2019. Essas imagens foram feitas no solário interno do *CEI Cha Il Sun* e na sala de música da *CEI Regente Feijó*.

O filme era para chamar-se "Olha o Xilofone", pois em determinado momento a profissional Mônica Araújo da Silva fala isso, mas houve uma imagem durante sua fala que achamos melhor não colocar pois talvez isso pudesse constrangê-la.

> Depois, olhando mais atentamente, percebi que logo após ela dizer isso uma criança tenta pegar o instrumento e Mônica tira a mãozinha da criança, foi muito rápido, não dava para cortar.
>
> Explico melhor: achei que essa "tirada de mão" poderia ser mal interpretada por quem assistisse ao filme e não estivesse presente no contexto (estamos falando de filmagens e escolhas). Olhei diversas vezes e achei melhor escolher outra cena (Trecho de carta de Mauro para Rozeli).

Cabe dizer que isso aconteceu várias vezes com os integrantes do *Cineclube Regente/Cha*. A supressão de determinada cena que poderia ser interpretada de maneira diferente, equivocada por quem assistir ao filme posteriormente.

Não vemos isso como uma distorção das coisas (apesar de que também é isso). Pensamos que é uma forma de preservar, cuidar das(os) colegas que não estão fazendo nada mais que seu trabalho, mas que, transformado em filme, fora de determinado contexto, pode sim induzir a algo que pode ser mal interpretado.

> Já conversamos sobre esse problema no cineclube: Cortar uma determinada imagem que possivelmente seja mal interpretada. Podia ser até que não, mas eu não ia arriscar, principalmente não sendo eu o protagonista (Trecho de carta de Mauro para Rozeli).

Também em 2020 fizemos *Esopinhos* e *À Espera*,[19] filmes que envolveram muita troca e camaradagem tanto entre os integrantes do cineclube quanto de profissionais de ambas as escolas.

Os dois filmes tiveram tanto o uso de criatividade, habilidades (dar vozes aos animais), internet, como também o envolvimento de todos os membros do cineclube, seja com as falas, com a procura e corte de imagens, produção de textos, edição do *Esopinhos*.

> Depois veio "Esopinhos" que considero muito importante, pois foi um trabalho coletivo e também usando a internet para comunicação entre nós. [...]
>
> Também produzimos em 2020 "À espera" que considero importante porque também foi uma produção coletiva, envolvendo inclusive algumas pessoas que não fazem parte do cineclube (Trecho de carta de Mauro para Rozeli).

A partir daí aconteceu de pensarmos em fazer um filme com filmagens que outra pessoa fez. É o que estamos fazendo em 2021. Os membros do cineclube foram até a escola e a filmaram da forma como bem entenderam, salvando todas as filmagens em um único *drive*, sem identificação de autoria. Essa troca e liberdade de podermos fazer um filme a partir de imagens geradas por outras pessoas também me parece uma forma de camaradagem.

> Também achei importante porque pela primeira vez me fez olhar as imagens que outra pessoa fez — no caso a Juliana — e pensar num filme. Parece-me boa essa prática e talvez devêssemos fazer mais: usar uma imagem que não fui eu quem fez e pensar numa história para ela ou o contrário, pensar numa história e procurar imagens que outra pessoa fez (Trecho de carta de Mauro para Rozeli).

[19] Esse filme foi realizado por Juliana Pereira da Silva Oliveira. Agente de educação infantil da Prefeitura Municipal de Campinas – *CEI Regente Feijó*. Possui graduação em Pedagogia e especialização em Administração Escolar. Integrante do *Cineclube Regente/Cha* desde 2018 e bolsista do *Projeto Lugar-escola e cinema: afetos e metamorfoses mútuas* [Fapesp 2019/ 19378-0].

4. A PASSAGEM DOS BEBÊS DE ESPECTADORES PARA AGENTES DE FILMAGEM

> Quanto às imagens, eu já tinha visto algo parecido apresentado num Congresso e eu achei super maluco aquele jeito de filmar e o autor falava dessa filmagem com tanto entusiasmo que eu só pude compreender quando vi nossos bebês correndo pelo parque com seu celular (Trecho de carta de Rozeli para Mauro).

A continuidade do *Cineclube Regente/Cha* e as constantes reuniões de seus integrantes foram nos levando a novos experimentos com o cinema; um deles foi permitir que as crianças um pouco maiores tivessem acesso a um celular, doado por um dos integrantes, para que pudessem experienciar momentos de filmagem.

> [...] e também acho que a melhor maneira de filmar na escola é com um celular. Ele nos dá mobilidades muitas. Podemos filmar de cima, dos lados, deitados sem muitos problemas. Ou mesmo entregar um aparelho nas mãos das crianças e deixar que eles filmem. Eu acho isso bem mais interessante. Abre uma série de dispositivos. E, como já disse, podemos trabalhar as imagens de diferentes formas. Podemos fazer diferentes filmes (Trecho de carta de Mauro para Rozeli).

Algumas vezes as propostas de filmagem — os "dispositivos de criação de imagens"[20] — vinham a partir de um dos filmes da sessão mensal de curtas metragens nacionais que fazíamos para as escolas. Por exemplo, experimentar tomadas de longe ou de perto ou filmagens livres de acordo com o que a criança quisesse filmar. Esse movimento de dar às crianças o protagonismo nas filmagens nos foi "incomodando" e nos fazendo pensar em como dar acesso a isso também aos bebês.

---

[20] Um dispositivo de criação de imagem seria "a introdução de linhas ativadoras em um universo escolhido. Ele pressupõe duas linhas complementares: uma de extremo controle, regras, limites, recortes: e outra de absoluta abertura" (MIGLIORIN, 2015, p. 79). Alguns dispositivos foram experimentados ao longo das oficinas de cinema e outros foram e seguem sendo inventados a partir de nossas experiências de ver-conversar-fazer na escola. Eles visam, sobretudo, provocar impossibilidades de filmagem como habitualmente as fazemos, lançando-nos em um "não saber" onde a falta é exatamente aquilo que os força a criar imagens (e sons) através de "tentativas" (DELIGNY, 2009; 2015).

> O segundo filme feito em 2018 foi "Sohlepse" escolhido para a Mostra Kino Campinas daquele ano.
>
> Esse filme já foi feito com uma temática mais livre e foi exatamente por isso que comecei a sentir as dificuldades e alegrias de fazer um filme com bebês.
>
> Seria muito fácil fazer esse filme se eu usasse um clichê. Fazer as imagens, cortar as que achasse inadequadas, tirar o som ambiente e colocar uma música infantil já consagrada.
>
> Mas, para mim, a participação dos bebês seria fundamental.
>
> E como fazer? (Trecho de carta de Mauro para Rozeli).

Indo ao encontro do que sempre pensamos na Educação Infantil, de que bebês podem participar de todas as atividades que são oferecidas, respeitando suas peculiaridades, por que não dar aos bebês um celular também? E aí voltamos ao que sempre falamos que precisamos observar e adaptar cada processo aos bebês. Não estamos falando aqui de bebês muito pequenos, porque o *CEI Cha Il Sun* atende bebês a partir de 4 meses, mas de bebês que já possuem habilidade motora para segurar um aparelho celular.

> Na época comprei um celular novo — devo dizer que a câmera-celular me parece o mecanismo ideal para fazer filmes com os bebês, pela mobilidade e praticidade. Então dei meu celular velho nas mãos das crianças e deixei (Trecho de carta de Mauro para Rozeli).

Como tudo é experimento com crianças tão pequenas, nem sempre sabemos ao certo como o experimento vai funcionar e o que será necessário adaptar.

> Eles filmaram e o que pensei ser o meu maior motivo de preocupação — os bebês jogarem o aparelho no chão — não aconteceu, tinham até certa familiaridade com o aparelho.
>
> O problema é que colocavam as mãozinhas em frente da câmera o que poderia ser um dispositivo interessante, mas eu não queria usar apenas isso (Trecho de carta de Mauro para Rozeli).

E a observação nos leva a encontrar a maneira ideal para adequar o trabalho para os bebês.

> Foi então que percebi que deixando a câmera em modo selfie acontecia uma interação diferente. Os bebês se relacionavam com a imagem refletida na câmera e caminhavam filmando eles próprios e as outras crianças (Trecho de carta de Mauro para Rozeli).

E daí tiramos as primeiras conclusões e planejamos nossas próximas ações.

> "Bom. Fato é que deu muito certo. O filme foi feito e em grande medida filmado por eles próprios."
>
> "Dos filmes que fiz na escola esse é o que mais gosto...".
>
> "...devo dizer que estamos num caminho pouco explorado, até inédito; fazer cinema com bebês" (Trechos de cartas de Mauro para Rozeli).

Depois desse filme um outro filme surgiu a partir de imagens capturadas pelos bebês.

> Para a edição da 14.º CineOp escolhemos, e isso é importante pois foi uma escolha feita pelo cineclube, usar algumas imagens que eu tinha em meu arquivo e usá-las para montar um filme, daí nasceu "Fios Tramados ao Acaso".
>
> Essas imagens foram feitas quando, ao levar as crianças para o parque, eu dei minha câmera/celular para a Gabrielle — e pedi que ela desse para alguma criança — no caso eram crianças um pouco maiores — e deixasse-a fazer o que quisesse com a câmera, apenas ligamos e deixamos em modo "selfie".
>
> Feito isso fui fazer meu trabalho e depois de um bom tempo a Gabrielle me devolveu o aparelho. Lembro-me que ela disse: "Não sei se é isso o que você quer".
>
> E o que eu queria? Nem eu sei. Mas foi bacana olhar depois as imagens que as crianças fizeram. Tem uma diferença danada quando nós fazemos as filmagens ou mesmo quando estamos

> vendo as crianças filmarem. No caso eu não fiz nem uma coisa nem outra. Foi bastante interessante quando descarreguei as imagens no computador sem saber o que lá estava (Trecho de carta de Mauro para Rozeli).

O filme *Fios Tramados ao Acaso* ganhou esse nome porque foi um filme elaborado coletivamente pela equipe do *Cineclube Regente/Cha* com as vozes das educadoras e funcionárias de ambas as escolas, mas com filmagens capturadas no parque por bebês que se deslocavam livremente por ele. A composição desse filme nos levou a olhar atentamente aquelas imagens que se deslocavam rapidamente, com balbucios muitas vezes incompreensíveis e algumas carinhas que hora ou outra apareciam na tela.

> A sensação que dá é que acessamos um mundo que só vemos de longe, lá ouvimos falas e impressões, ditas do jeito deles e por um lugar que conhecemos só pelo nosso ângulo de visão; por vezes ouvi adultos perguntarem "onde é isso?" e quando dizíamos ficavam por alguns minutos para reconhecerem. Dar a câmera para bebês é conhecer a escola em outro ângulo e velocidade (Trecho de carta de Rozeli para Mauro).

De certa forma, ver aquelas filmagens nos levava a olhar a escola por outras tomadas cinematográficas, por ângulos que nós adultos nunca faríamos. Outro dado interessante é a velocidade dessas imagens que fazem alguns adultos terem vertigem. Mas essas imagens são mais que as próprias imagens, elas carregam uma complexidade grande de sons, vozes próximas ou distantes, barulhos diversos que nos levam a pensar no que não vemos ou no que não conseguimos ouvir claramente que foi dito e com certeza, se cinema tivesse cheiro, seria um misto de perfumes que deixaria nosso olfato confuso também. Ou seja, essas filmagens são puro cinema. "Foi interessante descobrir os caminhos que a câmera fez o que chamou a atenção da criança no seu caminhar, os enquadramentos que fez" (trecho de carta de Mauro para Rozeli).

Essas filmagens poderiam ficar arquivadas para sempre se nós não nos dispuséssemos a pensar num cinema em que os bebês pudessem ser mais do que espectadores.

5. SOBRE VIAJAR NA MAIONESE E O CINEMA DE INVENTAR

Pesquisando no Google sobre a expressão "viajar na maionese", muito usada em nosso cotidiano e que foi usada algumas vezes nas cartas trocadas para a escrita deste texto, descobrimos que existem várias origens para a expressão. Mas não vamos colocá-las aqui. Os significados encontrados são bastante parecidos, vamos nos ater a este aqui: "A expressão viajar na maionese é usada para indicar que alguém fez ou disse alguma coisa sem lógica ou sentido, como uma bobagem ou um absurdo. É usada também para afirmar que alguém está distraído, que não está prestando atenção ao que está acontecendo."[21]

Não foi exatamente esse sentido em que a expressão foi usada na troca de cartas entre nós. "Estou viajando na maionese? Claro que sim. Mas se tenho que escrever sobre filmagens a viagem faz parte da procura por novas possibilidades de usar uma câmera nas escolas" (trecho de carta de Mauro para Rozeli).

No contexto da carta, a expressão foi usada como uma procura. Alguma forma de busca, de sair dos clichês e sensos comuns que podem nortear uma produção fílmica com bebês. Entendemos que deliberadamente "viajamos na maionese" em várias de nossas produções, como, por exemplo, quando tentamos unir passado e presente em *Ó de Ó eu Mauro*, quando demos uma câmera nas mãos dos bebês em *Sohlepse*, quando pedimos uma música autoral para Mônica em *Cigarras*, ou quando fizemos as muitas vozes dos animais em *Esopinhos*.

Apesar de a definição dizer ser algo que é "sem sentido, bobagem, absurdo", a utilizamos para expressar o contrário disso. Viajem (verbo) como caminho para viagem (substantivo), ou seja, viajar na maionese é expressão usada para o exercício de criatividade e um pouco de ousadia para nossas produções. Criatividade e ousadia que encontramos em muitos outros filmes nossos e em tantos produzidos por outros(as) cineastas da Rede Municipal de Ensino de Campinas. Em outras palavras, viajar na maionese é inerente ao modo de fazer cinema nas escolas e, especialmente, de fazer cinema *sobre* e *com* os bebês. Talvez pudéssemos dizer que essa é a dobra de um devir criança naqueles e naquelas que experimentam o cinema no meio delas.

---

[21] Disponível em: https://www.dicio.com.br/origem=-expressao-viajar-na-maionese/#:~:text-A%20express%C3%A3o%20viajar%20na%20maionese,aten%C3%A7%C3%A3o%20ao%20que%20est%C3%A1%20acontecendo. Acesso em: 21 mar. 2021.

Nesse sentido, a expressão foi usada para reforçar as tentativas, os caminhos e as possibilidades de fazer nossos filmes. De dar voz, principalmente para as crianças e para nossas(os) colegas de trabalho nas escolas. Colocando-as(os) como protagonistas, atuando nos filmes, usando as artes que o cotidiano das atividades das escolas proporciona e que todos nós fazemos, mas que nem todos entendem como artísticos. Ou seja, dizer que viajamos na maionese é mostrar que esses fazeres/saberes podem se transformar em filme, cinema, arte.

> Eu viajo na maionese mesmo viu!!! Acho que deu pra perceber que minha imaginação corre solta. O difícil é transformar tudo isso em filme. As grandes possibilidades do cinema me fazem viajar. (Trecho de carta de Mauro para Rozeli)

Então "viajar na maionese" significa para nós principalmente procuras, em estudos, oficinas, leituras, filmes, literatura. Procuras para nos afirmar como pessoas que fazem filmes, que podem ter o título de cineastas. O que não é pouco.

E a frase "viajar na maionese" está ligada ao "cinema de inventar". Usamos essa expressão para pensar os filmes que fazemos. Ela vem do livro *Cinema de brincar*[22] Esse livro nos trouxe a ideia de colocar um nome para nossos movimentos e tentativas de fazermos filmes.

A palavra inventar estava sempre presente em nosso pensamento porque estávamos (e estamos) tentando nos inventar como pessoas que fazem filmes, que tentam se inventar como cineastas na Educação Infantil e mesmo fora dela. Ela não aparece em algumas de nossas cartas, mas está implícita lá.

> As dificuldades são grandes, mas as alegrias também. O cinema feito com e por bebês, principalmente da Cha é diferente de qualquer outro cinema. Diferente inclusive do cinema da Regente, pois lá as crianças são um pouco maiores, andam, falam, se expressam de outra forma, pode-se até pensar em um roteiro com elas (Trecho de carta de Mauro para Rozeli).

---

[22] *Cinema de brincar* (MIGLIORIN; PIPANO, 2019) é o título de um dos livros que nos têm servido de referência para pensar o modo de fazer cinema que temos inventado no *Cineclube Regente/Cha*.

As tentativas, alegrias e dificuldades fazem parte desse caminhar para produzir filmes. Fazem parte do "viajar na maionese" para ser um cineasta que se deseja autoral, artista, em um contexto em que a cultura cinematográfica é extremamente massificada.

> Sim. O cinema de Hollywood influencia sim. Eu também passei por isso. Mas num belo dia eu fiquei pensando, se eu tomar como paradigma o cinema hollywoodiano eu nunca vou fazer cinema e eu queria fazer cinema (Trecho de carta de Mauro para Rozeli).

O cinema de inventar como forma de cinema autoral, saindo dos padrões e inventando novas possibilidades, caminhos, dispositivos para fazer cinema nas escolas.

> No nosso caso fazemos um cinema pouco explorado. Um cinema de inventar, como eu gosto de chamá-lo. Sim, fazemos cinema. Sim, escrevemos. Sim, fotografamos. Da forma que podemos (Trecho de carta de Mauro para Rozeli).

Então o "Cinema de Inventar" é o cinema que fazemos como podemos, com as ideias que aparecem, com o imprevisto e o improviso, com estudos, com técnica, com respeito e, principalmente, com amor pelas crianças, pelas escolas, pelo cinema. "Viajar na maionese" são os caminhos percorridos e a percorrer para fazer tudo isso.

CONSIDERAÇÕES FINAIS

Ao percorrer este texto, a leitora e o leitor certamente notaram o quanto a experiência do cinema vivenciada com crianças pequenas é múltipla e duradoura quando é experimentada como algo fortemente coletivo, aberto e inventivo. Aos assistirem aos filmes citados no texto ouviram vozes de muito mais gente do que os integrantes do *Cineclube Regente/Cha* e estiveram diante de filmagens e montagens em que muita gente atuou, fazendo com que todo o lugar-escola tenha entrado em devir cinema, seja como *set* de filmagem, seja como personagem, seja como roteirista, seja como for...

Destacamos aqui a longa duração do processo de estabelecimento de práticas e experiências de cinema na escola que pode ser notada nas datas que indicam semestres ou anos inteiros para algo se estabelecer ou ser alterado. Essa longa duração está diretamente associada ao processo ter sido fortemente coletivo, implicando muitas conversas, negociações, aprendizados e tranquilizações entre aquelas e aqueles envolvidos no *Cineclube Regente/Cha* e as(os) demais profissionais da escola, das cozinheiras à equipe gestora, passando pelas professoras e agentes da Educação Infantil. No texto, fica explícito que, entre 2017 e 2020, as experiências de cinema dos bebês variaram bastante, e continuam a se modificar.

Outro destaque é para a atenção e o cuidado com as experiências vivenciadas por crianças e profissionais que levaram à criação de ambiente colaborativo, de ampla camaradagem, por toda a escola. Ao se verem cuidados, respeitados e retratados nos filmes produzidos no *Cineclube Regente/Cha* — os créditos às vezes duram o mesmo tempo que o filme! —, os demais profissionais passaram a se envolver com as experiências de cinema, fazendo com que esse modo de fazer cinema seja não só promotor de aprendizagens cinematográficas, mas também de outras relações entre as pessoas que vivenciam o cotidiano das escolas.

Chamamos a atenção também para a importância de experimentar todos os tipos de cinema possíveis, seja como espectadores, seja como produtores, estando especialmente atentos às possibilidades de produção e expectação de filmes com crianças bem pequenas.

É dessa experimentação constante, dessa permissão e necessidade de viajar na maionese, que vem a centralidade da invenção para que algum cinema se torne possível de ser produzido e visto nas escolas e com os bebês, invenção esta que se inicia com o rompimento com os padrões estabelecidos pela cultura massiva do cinema hollywoodiano e da televisão aberta e expande-se por meio das experimentações que fazemos todo o tempo com câmeras nas mãos e poucas[23] ideias na cabeça. Ou mesmo nenhuma ideia na cabeça, como ocorre quando crianças bem pequenas é que têm a câmera nas mãos. Elas não buscam filmar algo, dar sentido a alguma imagem, mas buscam viver, experimentar o mundo em seu entorno — o parque da escola, a sala de aula, o refeitório etc. — com seus corpos, e, se em suas mãos está um celular ligado,

[23] Ao fazermos as filmagens temos poucas ideias sobre o que elas virão a ser, ou seja, raramente fazemos filmagens já pensando em onde iremos usá-las ou quais sentidos elas irão ter em um futuro filme.

captará nas filmagens a pulsação da vida vivida naquele lugar, naquele momento. Podemos dizer que as imagens foram feitas "para nada",[24] elas apenas apareceram ali e gravaram fluxos de vida que vieram a existir na interação entre uma criança e aquilo que a afetou em seu entorno. Se nós, cineastas integrantes do *Cineclube Regente/Cha*, iremos encontrar nessas imagens potência para fazermos filmes, só saberemos quando estivermos diante delas, vendo-as, experimentando-as ou lembrando delas quando nosso próprio "entorno cinematográfico" — o tema de uma mostra de cinema, por exemplo — criar a conexão necessária para que aquelas imagens feitas para nada venham a se tornar cinema.

REFERÊNCIAS

À ESPERA [filme]. Direção de Juliana Oliveira, 2020. Disponível em: https://www.youtube.com/watch?v=LiriYT5DAn0&t=133s. Acesso em: 27 mar. 2021.

CAIU O XILOFONE? [filme]. Direção de Mauro Guari, 2020. Disponível em: https://www.youtube.com/watch?v=AzY1Oh7zV14&t=5s. Acesso em: 27 mar. 2021.

CASTELO de areia (Chateau de Sable) [animação]. Direção: Quentin Deleau, Lucie Foncelle, Maxime Goudal, Julien Paris, Sylvain Robert. 5 minutos. 2015. Disponível em: https://www.youtube.com/watch?v=5Q--rVe5tng. Acesso em: 12 mar. 2021.

CIGARRAS [filme]. Direção de Mauro Guari, 2019. Disponível em: https://www.youtube.com/watch?v=0aYosxOhL6g&t=285s. Acesso em: 27 mar. 2021.

DELIGNY, F. *O Aracniano e outros textos*. São Paulo: n-1 edições, 2015.

DELIGNY, F. *Permitir Trazar Ver*. Barcelona: Museu d'Art Contemporani de Barcelona, 2009.

ESOPINHOS [filme]. Direção de Mauro Guari, 2020. Disponível em: https://www.youtube.com/watch?v=Qwc3lgm_Bzw. Acesso em: 27 mar. 2021.

FIOS tramados ao acaso [filme]. Direção de Sandra Amaral e Rozeli Melo. Brasil, 2019. Disponível em: https://www.youtube.com/watch?v=_0KEVQ8MSF4. Acesso em: 02 fev. 2021.

[24] A expressão "para nada" é utilizada por Fernand Deligny (2009; 2015) para referir-se tanto aos autistas profundos — mutistas — quanto às "imagens verdadeiras", aquelas que, segundo ele, não estão sobrecarregadas de significações *a priori*, formam tropas imprevisíveis e nos fazem voar.

FRESQUET, A. (Org.). *Cinema e educação: a lei 13.006* – reflexões, perspectivas e propostas. Ouro Preto: Universo Produções, 2015.

LEITE, C. D. P.; OLIVEIRA, L. P. Pesquisa-experiência: relatos, corpos e acontecimentos. *Revista Digital do Laboratório de Artes Visuais*. UFSM/RS, v. 12, p. 134-152, 2019.

LEITE, C. D. P.; LEITE, A. R. I. P.; CHRISTOFOLETTI, R. Infâncias, olhares e montagens: experiências e pesquisas com crianças e educação. *ETD-Educação Temática Digital*, v. 19, p. 338-359, 2017.

MIGLIORIN, C. *Inevitavelmente cinema*: educação, política e mafuá. Rio de Janeiro: Beco do Azougue, 2015.

MIGLIORIN, C.; PIPANO, I. *Cinema de brincar*. Belo Horizonte: Relicário, 2019.

Ó DE Ó EU MAURO [filme]. Direção de Mauro Guari, 2018. Disponível em: https://www.youtube.com/watch?v=4w0BEM98Vt4. Acesso em: 27 mar. 2021.

OLIVEIRA JUNIOR, W. M. *et al.* Encantamentos e desassossegos – fragmentos dos (des)encontros entre cinema e escola de educação infantil. *In*: TEBET, T. (Org.). *Estudos de bebês e diálogos com a sociologia*. São Carlos: Pedro e João Editores, 2019.

PEGA PEGA [filme]. Direção de Rozeli Lemos de Melo, 2018. Disponível em: https://www.youtube.com/watch?v=FiZ4MW0u8b4&t=27s. Acesso em: 27 mar. 2021.

SOHLEPSE [filme]. Direção de Mauro Guari, 2018. Disponível em: https://www.youtube.com/watch?v=GLgXcgmZT6g&t=23s. Acesso em: 27 mar. 2021.

SÓ RINDO [filme]. Direção de Rozeli Lemos de Melo, 2017. Disponível em: https://www.youtube.com/watch?v=fCyjw-wt8Kg&t=28s. Acesso em: 27 mar. 2021.

TEATRO DESDE BEBÊS: UMA APROXIMAÇÃO ENTRE ADULTO-CUIDADOR-ARTISTA E OS BEBÊS

Ricardo Carvalho de Figueiredo
Larissa Maria Santos Altemar

> Fare teatro per i bambini del Nido può significare per un attore ricercare, utopicamente, il suono, il gesto, il segno fondamentale. Non perché più comprensibile, ma solo perché più comunicativo. Non serve nascondersi dietro inutili sovrastrutture culturali. In questa situazione bisogna cercare il piacere di sentire la visceralità di un pubblico che c'è o non c'è, che accetta o rifiuta con manifestazioni forti.Che ha un particolare ritmo di respirazione, che ha paura o non ce l'ha, che piange per un suono troppo forte o che sale sul biciclino quando si annoia. Che ti impone di aspettarlo, di dargli tempo, di non aggredirlo, di farti conoscere, di misurare tutto e poi lasciarti andare. Che ti chiede di essere profondamente rispettato. Perché lui è. I bambini piccoli riescono a farti sentire, in breve tempo, quanto sia importante cercare quel equilibrio paradossale, che vede una coincidenza alta tra un totale lasciarsi andare e un perfetto controllo della situazione. Un essere lucidamente fuori e un appassionatamente dentro. Cercare di essere credibile senza perdere la direzione e viceversa cercare di non perdere la direzione, continuando ad essere credibile. Cercare, non vuole dire trovare, ma è cercare. *Vale per un attore, vale per un educatore* (FRABETTI, 2007, grifo nosso).[1]

[1] "Fazer teatro para as crianças do berçário pode significar, para um ator, pesquisar, utopicamente, o som, o gesto, o sinal fundamental. Não por ser mais compreensível, mas apenas por ser mais comunicativo. Não é necessário esconder-se atrás de inúteis superestruturas culturais. Nessa situação é preciso buscar o prazer de sentir a visceralidade de um público que está ou não está, que aceita ou recusa com fortes manifestações. Que apresenta um ritmo de respiração peculiar, que tem medo ou não, que

UM ENGATINHAR CÊNICO

Este artigo vem ao encontro de algumas inquietações que têm nos rondado há algum tempo. Por sermos professores de teatro e lidarmos com projetos de pesquisa e extensão na Educação Infantil, a primeira infância tem sido campo de interesse desde nossa parceria com escolas municipais e particulares de Educação Infantil na cidade de Belo Horizonte. Naqueles encontros, lançamos nosso olhar para as crianças maiores, de quatro e cinco anos. Já com os bebês, crianças de zero a três anos, não havíamos tido ações em que o teatro fosse o nosso elo de interseção, apesar de nos chamar a atenção a aproximação entre a cena contemporânea e os modos de ser dos bebês (MACHADO, 2010).

Ao surgir o convite para escrevermos um texto em que o teatro e os bebês são o foco, tivemos o cuidado de buscar uma escrita sobre o que tem sido feito de *teatro para os bebês*, ao entendermos que artistas da cena vêm, há algumas décadas, se debruçando no trabalho de criação de espetáculos em que os bebês são o público privilegiado; como também sobre algumas experiências de *teatro com os bebês*, em que práticas teatrais são desenvolvidas com bebês em contextos educacionais.

Desse modo, organizamos este texto a partir de quatro questões:

(1) Desde quando os bebês tinham acesso e/ou eram incluídos no teatro?

(2) Quais são as experiências teatrais já desenvolvidas com e/ou para os bebês?

(3) Qual visão de infância dialoga mais com o que pensamos sobre o teatro com/para os bebês?

(4) Qual visão de teatro dialoga mais com os bebês?

Nas considerações finais, longe de emitirmos algum posicionamento ou julgamento sobre se o teatro com/para os bebês é um campo a ser explorado, entendemos que o direito ao acesso aos bens culturais

---

chora para um som forte demais ou que sobe no triciclo quando está entediado. Que te impõe aguardá-lo, dar-lhe tempo, não o apressar, dar-lhe tempo de te conhecer, medir tudo e soltar-te. Que te pede ser profundamente respeitado. Porque ele é. As crianças conseguem que você perceba, em breve tempo, a importância de buscar aquele equilíbrio paradoxal que consta em uma alta coincidência entre um total soltar-se e um controle perfeito da situação. Aparecer lúcido por fora e entusiasta por dentro. Tentar ser acreditável sem perder a direção, e vice-versa, tentar não perder a direção mantendo a credibilidade. Buscar não significa achar, apenas buscar. Vale para um ator, vale para um educador" (Tradução de Lapo Gori).

da humanidade é a premissa que nos faz pensar em um *teatro desde bebê* em uma aproximação entre *adulto-cuidador-artista e os bebês.*

DESDE QUANDO OS BEBÊS TÊM ACESSO E/OU SÃO INCLUÍDOS NO TEATRO?

Há indicações de que o teatro para bebês teve início na década de 1980 em países como França e Itália e surgiu a partir de experimentações teatrais com bebês em escolas e creches, tanto na implementação de projetos político-pedagógicos, quanto para o trabalho de campo de companhias teatrais (CABRAL, 2016). Nessa linha, companhias teatrais como *La Baracca* (Itália) e Cia. ACTA (França) foram fundamentais na organização de festivais e seminários em que a produção teatral voltada para os bebês tivesse centralidade nas discussões, assim como em aproximar o olhar dos campos da psicologia, sociologia, saúde etc. com o teatro para a primeira infância.

No Brasil, temos alguns grupos que têm colocado a questão como ordem do dia, tensionando as fronteiras do campo das artes cênicas e ampliando as discussões e investigações dos artistas da cena ao vivo. Surgem desde encenações didáticas que buscam relações entre o teatro e as virtudes humanas, até encenações que prescindem de diálogos, causa e efeito, e colocam os bebês no campo da experimentação junto dos próprios artistas.

É interessante perceber que, se ao bebê era dada a "oportunidade" de contemplar uma encenação teatral, essa se dava quando este, em companhia do adulto responsável, era levado ao encontro de uma apresentação ao ar livre. A partir de uma atenção específica e um teatro pensado para/com os bebês, estes passaram a ter, politicamente, um espaço específico na programação cultural das cidades e a ser percebidos como cidadãos dos mais plenos direitos, no convívio com a sociedade em todas as suas dimensões.

Com a atenção direcionada aos bebês, os artistas de teatro têm se voltado para a criação e a busca de uma linguagem que questiona padrões do teatro feito para, e simplesmente, os adultos. Assim, novos campos de pesquisa têm se aberto, fazendo com que dramaturgos, encenadores, atores, produtores etc. (re)vejam a própria condição humana e o modo como o teatro constrói o seu discurso. E não seria este o papel da Arte? Possibilitar ao ser humano fazedor/contemplador olhar para si, para o outro, e sair da experiência modificado?

Podemos pensar que aos bebês eram negados dois direitos essenciais da vida: a oportunidade de contemplarem obras humanas ao vivo e o direito de ocuparem espaços culturais com seus corpos e modos de viver. Entendemos, a partir de então, que o teatro para bebês é um ato político em que artistas e adulto-cuidadores veem nesta ação um ato de resistência e inserção dos bebês na vida cultural das cidades, logo, entendemos o "teatro para bebês como [um] fato social. Este movimento surgiu há pouco tempo, com presença muito nova no Brasil e no mundo, é uma conquista social da infância; dialogar numa perspectiva do direito dos bebês à arte" (REIS; PEREIRA; VASCONCELLOS, 2014, p. 6).

Nesse ato político de acesso à cidade, também ampliamos o acesso às linguagens, entendendo que suas formas e possibilidades também são políticas. Assim, ampliamos as formas de expressão de todos os envolvidos no processo, sejam espectadores e/ou atores, afinal, "Aprendemos a dizer o mundo com as palavras que nos são ditas e que aos poucos se tornam nossas próprias palavras" (REIS; PEREIRA; VASCONCELLOS, 2014, p. 6). Tratando de um público que ainda está em processo de inserção na linguagem oral, é preciso direcionarmos as potencialidades do fazer teatral que se conectam com as especificidades desse público de pouca idade e muitas linguagens:

> Na primeira acepção, entendendo as transformações políticas, sociais, tecnológicas e espaciais neste início do século XXI, torna-se evidente — com certa desconfiança — que o aparecimento desta novidade no campo das artes cênicas cause controvérsias, e provoque indagações por parte da comunidade artística/crítica/intelectual a respeito de sua verossimilhança. Por outro lado, a escassez de fontes de pesquisa e as parcas produções desta modalidade realizadas no Brasil... (REIS; PEREIRA; VASCONCELLOS, 2014, p. 10).

QUAIS EXPERIÊNCIAS TEATRAIS JÁ FORAM DESENVOLVIDAS COM E/OU PARA OS BEBÊS?

> **Peter Brook, il famoso regista inglese nel libro** "La porta aperta" dice: **Un pubblico di bambini è il migliore dei critici**: i bambini non hanno preconcetti, si interessano immediatamente o altrettanto istantaneamente si annoiano, e/o seguono gli attori, o diventano insofferenti. Ma i bambini sono davvero un buon pubblico? (FRABETTI, 2007, p. 07, grifos do autor)[2]

Destacamos a seguir alguns trabalhos acadêmicos e artísticos que têm como foco o teatro e os bebês.

No âmbito da pós-graduação, encontramos a dissertação de mestrado intitulada *Teatro para bebês, estreias de olhares*, defendida em 2014, de Luiz Miguel Pereira. O trabalho parte da questão "o que é teatro para bebês?", em consonância com o trabalho artístico realizado pelo grupo de teatro Sobrevento, de São Paulo. Ao decorrer da pesquisa, Pereira (2014) brinda-nos com encontros de grupos teatrais e bebês, ao longo de eventos em que o autor participou, tecendo diálogos com a sociologia da infância, psicologia do desenvolvimento, teatro de formas animadas etc. Como o título da dissertação indica, nesse estudo, Pereira atém-se ao teatro para bebês, sendo aquele feito pelos adultos às crianças de seis a trinta e seis meses em edifícios teatrais profissionais. Sobre o grupo Sobrevento, o autor destaca o cuidado com as especificidades de um teatro para bebês, com espaço destinado a um número limitado de bebês e seus cuidadores, trocador/fraldário, estacionamento para carrinhos, proximidade da encenação com os bebês, com almofadas ou poltronas do tamanho deles. Além de um olhar sobre a encenação como um todo, por meio de influências com os grupos estrangeiros *La casa Incierta*, da Espanha, e *La Baracca – Testoni Ragazzi*, da Itália.

O mesmo autor também continuou sua investigação no doutorado, defendendo a tese *Teatro com bebês, enunciações, vivências. Encontros da arte com a vida*, no ano de 2018, realizada na Universidade

[2] "Peter Brook, o famoso diretor inglês, em seu livro 'A porta aberta', diz: 'Um público de crianças é o melhor dos críticos: as crianças não tempo preconceitos, se interessam imediatamente e igualmente instantaneamente se cansam, seguem os atores e se tornam impacientes. Mas as crianças são realmente um bom público?'" (Tradução de Lapo Gori).

Federal Fluminense. Nesta pesquisa, Luiz Pereira traz sua história de vida como eixo central para o diálogo com os bebês e é a partir de sua infância vivida no interior de Pernambuco que o autor lança mão de práticas teatrais com bebês de uma escola infantil na cidade de Niterói e desenvolve o trabalho. Segundo o autor,

> o teatro com bebês consistiu na oferta de um ambiente pensado para recebê-los, criando uma situação social em que se potencializaram suas atividades criadoras. Essa ambientação cênica favoreceu um meio em que as crianças, no contato com essa estética, protagonizassem suas ações, principalmente através da brincadeira e dos processos de imitação, de reelaboração criadora, gestando uma presença irrepetível nos acontecimentos que forjam a vida cotidiana (PEREIRA, 2018, p. 5).

Adriele Silva (2017), com a dissertação *Teatro para bebês: desafios em cena para as artes e a educação na primeiríssima infância*, propôs-se a assistir espetáculos destinados aos bebês e ateve-se em analisar quatro obras dos grupos teatrais Sobrevento, Cia. Zin e Papo Corpóreo, juntamente com a realização de entrevistas com os artistas envolvidos. Aproximou, a partir de então, os campos da sociologia da infância e da Educação Infantil, assim como a pesquisa do teatro contemporâneo. A pesquisadora observou que em algumas encenações era solicitado que os adultos não deixassem os bebês entrarem na cena, mantendo a divisão tradicional entre os atores e o público, e questionou "Como observar agenciamento e protagonismo infantil diante da contemplação contida?" (SILVA, 2017, p. 88). Como exigir desse público de pouca idade e muita sede de investigação que analisassem aquela vivência apenas com os olhos? Para o bebê não haveria um modo específico de assistir/viver o espetáculo? Para Silva (2017), as entrevistas com os artistas revelaram um retorno do teatro ao seu caráter ritualístico e performático, no qual todos possam ir. Para a autora,

> o bebês revelaram que não separam o conhecimento racional do corporal, vivenciando, juntamente aos/às artistas, as narrativas com seus corpos, movimentos, protagonismos de corpos que vivenciam as múltiplas linguagens [...], devaneiam junto às cenas e

> avançam sobre os códigos teatrais, transgredindo o limite entre o palco e a plateia, rompendo com a ideia de Teatro como algo hermético (SILVA, 2017, p. 108).

Fernanda Cabral, atriz colaboradora do grupo *La Casa Incierta*, grupo hispano-brasileiro, defendeu sua dissertação de mestrado *Teatro para bebês: processos criativos, dramaturgia e escuta* (2016) e analisou um espetáculo do referido grupo e outro de sua autoria. A pesquisadora descreve e analisa uma proposta com a Pedagogia da Situação e a recepção teatral em creches e escolas de Educação Infantil. Traz relatos de observação dos bebês no espaço escolar e a construção dramatúrgica dos espetáculos a partir do diálogo com as observações dos bebês e um trabalho pedagógico com os bebês na creche e suas professoras e afirma que:

> O lugar do artista no teatro para bebês não está separado do contexto no qual suas obras são geradas. A creche é o lugar para o desenvolvimento da relação inaugural entre professores e bebês, assim como o teatro será o lugar para o desenvolvimento de uma experiência artística direta entre pais e bebês (CABRAL, 2016, p. 43).

Em palestra proferida na Faculdade de Educação da UFMG em 2017, Carlos Laredo, um dos atores-pesquisadores do *La Casa Incierta*, chama a atenção para duas questões que nos auxiliam a pensar outras dimensões das relações estabelecidas no teatro para bebês. Ele afirma que tem buscado utilizar materiais que não dialogam com a razão, mas sim com a energia que eles contêm. Compreendendo, portanto, a capacidade de conexão do bebê com escolhas viscerais que se interligam com uma potente experiência que ele teve até aquele momento de sua vida: o nascer. Sem medo de misticismos, o ator fala da energia dos materiais que nascem da terra e de como os elementos da água, do ar, do fogo e da terra são fortemente interpretados, ou experienciados, pelas crianças bem pequenas.

Um segundo ponto é o diálogo com "aquilo que não está", com o invisível para nosso olhar adulto *lejos* das múltiplas linguagens. Gobbi e Pinazza (2015) alertam-nos que as linguagens são gerenciadoras de mundos possíveis, e o bebê pesquisador dessas linguagens acessa o mundo vivido pelo adulto, que é o mesmo que o dele, porém de múltiplas formas e com menores barreiras e medos. Ora, no mundo-teatro desse bebê, é necessário entrar em cena para que o teatro seja vivenciado.

O *Cuco*, descrito e cocriado por Paulo Fochi, pretende, desde 2011, investigar algo que, para o grupo, tem se mostrado uma das primeiras experiências de jogo do bebê, "o revelar e o esconder" (FOCHI, 2017, p. 68), propondo-se um teatro ora da contemplação ora da participação entre algo que ainda estão definindo ou diluindo entre teatro para e teatro com bebês e ainda desde bebês, já que esses entram em cena para cocriarem com os atores mostrando a complexidade de suas infâncias e suas capacidades de criarem cultura (CORSARO, 1992; FOCHI, 2017).

QUAL VISÃO DE INFÂNCIA DIALOGA MAIS COM O QUE PENSAMOS SOBRE O TEATRO COM/PARA OS BEBÊS?

> Tomasello (2003), por exemplo, afirma que desde o nascimento os pequenos já são capazes de compreender objetos, compreender outras pessoas e compreender a si mesmos. Diz, ainda, que por volta dos nove meses os bebês tornam-se capazes de participar de atividades de atenção conjunta, na medida em que passam a compreender o outro como um ser intencional igual a ele mesmo (p. 85-86) (REIS; PEREIRA; VASCONCELLOS, 2014, p. 5).

Compreendendo e afirmando a criança enquanto cidadã do mundo, ator social e produtora de cultura (CORSARO, 1992; SARMENTO, 2008), o teatro que se direciona à criança apoia-se no campo dos Estudos da Infância. Essa linha de estudos, que se caracteriza por saberes de diferentes áreas do conhecimento, entre elas psicologia, pedagogia, antropologia, sociologia e geografia, ocupa-se de colocar luz sobre a complexidade das infâncias e dos diferentes modos de ser criança na contemporaneidade. Entende a infância como uma construção social imbricada na leitura da nossa sociedade e, portanto, aponta para a necessidade de lentes interdisciplinares. Nesse sentido, ao pensarmos a noção de infância que dialoga com as possibilidades teatrais discutidas até esse momento, precisamos ampliar o diálogo.

Por meio de uma leitura mosaica, somos levados a refletir: "qual visão a linguagem e a experiência teatral fazem das crianças, bebês e infâncias no sentido de se comunicar com elas?". Retomamos a citação de Frabetti (2007), que dá início ao presente texto, e buscamos conectá-la às teatralidades do cotidiano, do espaço escolar do ser criança(s) e das relações com o educador e ator amparados pelas lentes de Vigotski (2014). Indo nessa direção, dois elementos ganham destaque: a operação dos artefatos culturais e a ação/estar/linguagem do brincar.

O primeiro apresenta-nos variáveis que vão dos objetos materiais aos imateriais que constituem a relação de todo e qualquer sujeito na sociedade em que ele vive e que são configurados nas encenações/experiências teatrais, seja pela reapropriação de objetos, seja pela própria linguagem oral, "Nascemos, segundo Bakhtin (2003), sem uma palavra própria, para nos constituirmos humanos a partir das palavras outras, dos muitos outros, os que nos precederam e os que nos são coetâneos" (REIS; PEREIRA; VASCONCELLOS, 2014, p. 6).

O segundo elemento de notável relevância nos estudos pedagógicos nas últimas décadas, muito nos auxilia a pensar uma forma potente de diálogo com as crianças. Compactuamos com a ideia de que é no brincar e por meio dele que a criança apreende o mundo e si mesma, não que a brincadeira seja uma ferramenta de mediação entre a criança e a sociedade, mas essa linguagem é central na criança-bebê em seu estar no mundo. Sendo assim, esse teatro dito por Fochi (2017) revela e esconde, brinca com o espectador, convoca e celebra a presença do bebê no brincar.

Vigotski (2014), em sua leitura sócio-histórica-cultural, aponta como brincar e imaginar andam juntos e são elementos constituintes das infâncias; ao mesmo tempo que aponta a proximidade entre o brincar e as teatralidades, verifica a brincadeira e a imaginação como constituintes do manejo dos artefatos e formatação do sujeito social.

QUAL VISÃO DE TEATRO DIALOGA MAIS COM OS BEBÊS?

> [...] si interessano immediatamente o altrettanto istantaneamente si annoiano. (FRABETTI, 2007, p. 1)[3]

[3] "[...] se interessam imediatamente e igualmente instantaneamente se cansam" (Tradução de Lapo Gori).

> O Teatro para bebês, além de ser um Teatro em que todos/as podemos ir, proporcionando compartilhamento social e se configurando enquanto um convite ao Teatro e a vida pública, ao propor encontros e reencontros entre pares e diferentes, entre humanos de muita e/ou de pouca idade, remete-nos à visão arièsiana, na sociedade pré-moderna, em que as crianças eram parte da vida pública, isto é, "[...] elas eram públicas, no sentido de estarem no espaço aberto [...]" (QVORTRUP, 2014, p. 27) e, atualmente, não apenas as crianças estão reclusas em lugares determinados (instituições muradas), enclausuradas, como os/as demais membros da sociedade (SILVA, 2017, p. 70).

Adriele Silva (2017) reflete e defende, em seu trabalho, a capacidade dos bebês de compreenderem, a seu modo, a estética e a poética enquanto seres individuais e sociais, elaborando as experiências de forma única e ao mesmo tempo coletiva, já que o teatro sempre envolve o encontro entre pares. Sendo assim, uma das premissas do teatro para bebês seria criar oportunidades para esse ser em relação se relacionar com o outro. Entrando em contato com outros bebês, adultos, atores, objetos, formas e linguagem, buscando ampliar seu repertório sem focalizar a criança ou o adulto que esse bebê se tornará, mas sim cuidando para que esse pequeno sujeito possa exercer sua cidadania.

Para tanto, faz se necessário cocriar possibilidades cênicas que incluam as formas dos bebês de interagirem com esse mundo complexo que envolve vários atores. Um mundo cheio de símbolos e significados que elas acessam a todo momento e nos convidam a ressignificá-lo.

Diante dos grupos apontados, podemos concluir que a dimensão onírica e a tensão temporal estão presentes no teatro para bebês. Trata-se de um encontro de teatralidades, que engloba um tempo dilatado dos movimentos e que convida os bebês a contemplarem, ao manejo dos sentidos que leva os sujeitos e suas famílias a ampliarem e convocarem a sinestesia. Um jogo de fruição e ação direta, que envolve sons inesperados e gestos intensos tanto por parte do ator como dos pequenos espectadores.

> Luiz André Cherubini, em debate no II Festival Primeiro Olhar, abordou uma das apresentações da companhia La Casa Incierta, em que a atriz, depois da apresentação, colocou uma gota de água

na mão de cada bebê e eles/as entenderam que a gota de água tinha um significado diferente, que aquela água não era a água de todos os dias. Por isso, não a tomaram, nem limparam; apenas seguraram como algo muito importante e valioso. "E isso não é atribuir um significado poético? Então, o que seria?", questiona o ator. Há uma comunicação que está sendo estabelecida, "[...] uma comunicação com pessoas [de pouca idade] que têm sensibilidade [...]", que são capazes de compreender, a seu modo, a estética e a poética apresentada nas cenas (SILVA, 2017, p. 96).

CONSIDERAÇÕES FINAIS

Apontamos ao longo do texto a necessidade de os agentes culturais promoverem obras teatrais destinadas e pensadas para a fruição dos bebês, respeitando a democratização e o acesso à cultura desde a mais tenra idade. Às escolas e creches, indicamos a necessidade de criar abertura, o que implica um posicionamento político da gestão escolar, para receber obras teatrais criadas por grupos que têm dedicação e pesquisa no teatro para os bebês. E aos pais e/ou responsáveis por crianças pequenas que sejam curadores e busquem espetáculos teatrais para levá-las e poder desfrutar de experiências estéticas que ultrapassam e extrapolam as experiências cotidianas das crianças. Se queremos que nossos filhos estejam preparados para o mundo contemporâneo e abertos para os desafios da vida, experiências diversas, prazerosas e criativas precisam fazer parte do repertório dos bebês. Ampliar o repertório na linguagem teatral é, em certa dimensão, ampliar o repertório da vida.

Apostamos também que o adulto, seja este o pai/a mãe e/ou o responsável pelo bebê, incluindo as professoras da Educação Infantil, é um adulto criador e tem sua dose de artisticidade no trato com os bebês. É um ser brincante que, ao dialogar com a criança, deve fazer uso de uma linguagem universal. Ao se sentir encorajado a criar brincadeiras, balbuciar canções, estimular o movimento corporal, deixando a criança em segurança, auxiliará em sua construção de autonomia, autoestima etc.

Ao se deixar surpreender pela interação *dei bambini* com o teatro, o adulto ampliará formas sutis de relação com o mundo (FOCHI, 2017), visto que, assim como afirma o autor, ainda em diálogo com Frabetti (2007), aprofundar a fruição por meio da linguagem teatral é também navegar mais profundo nas pedagogias das infâncias, uma "pedagogia dos começos" (p. 79).

Se pensarmos ainda sobre a importância do teatro para a construção do humano que há em nós, devemos retomar traços da história e sobrevivência, assim como da transformação do teatro ao longo da história da humanidade. A capacidade e necessidade psíquica de representar o outro, a si, colocar para fora desejos e fantasmas, narrar, ser visto, elaborar modos de expressão para além da comunicação verbal, criticar, denunciar, mostrar outro ponto de vista, exercitar a escuta e o olhar para determinado foco, todas essas ações compõem o que entendemos ser parte das aprendizagens que o teatro pode proporcionar. Fazer e participar de ações teatrais, quando pensamos nos bebês, é uma via de mão dupla e, assim como um bebê só sobrevive porque tem um adulto cuidador que lhe apresenta o mundo, perguntamo-nos se o teatro com/para bebês conclama as ações integrais e integradas de fazer e ver teatro.

Com tudo apontado até aqui, é relevante salientar que os bebês têm o direito e a capacidade de fruição do teatro, logo, esse acesso também deve ser estimulado e pensadas alternativamente as ações em que os bebês participem da construção cênica.

Figura 1 – Ilustração de Francesco Tonucci

Fonte: AVISA LÁ, 2021.

REFERÊNCIAS

AVISA LÁ. Disponível em: https://avisala.org.br/wp-content/uploads/2013/04/avisala_38_fazer4.jpg. Acesso em: ago. 2021.

CABRAL, Fernanda Alvarenga. *Teatro para bebês*: processos criativos, dramaturgia e escuta. Dissertação (Mestrado) – Programa de Pós-Graduação em Artes Cênicas, Universidade de Brasília, 2016.

CORSARO, Willian A. Interpretative reproduction in childrens peer culture. *Social Psychology Quaterly*, v. 55, issue 2, p. 160-177, 1992.

FOCHI, Paulo Sérgio. Teatro desde bebês: contributos para pensar o teatro, a arte e a educação *Moin-Moin*: Revista de Estudos sobre Teatro de Formas Animadas, Jaraguá do Sul, ano 13, n. 18, 2017.

FRABETTI, Roberto. "Un pubblico di bambini molto, molto piccoli" – conferenza di Roberto Frabetti, La Baracca Testoni Ragazzi di Bologna. In: SEMINÁRIO LINGUAGENS EM EDUCAÇÃO INFANTIL, Campinas, 11 luglio 2007.

FRABETTI, Roberto. A arte na formação de professores de crianças de todas as idades: o teatro é um conto vivo. *Revista Pro-posições*, Campinas, v. 22, n. 2, p. 39-50, 2011.

GOBBI, Márcia; PINAZZA, Mônica. *Infância e suas linguagens*. São Paulo: Cortez, 2015.

MACHADO, Marina Marcondes. A criança é perfomer. *Educação e Realidade*, Campinas, v. 35, n. 2, p. 115-137, maio/ago. 2010.

PEREIRA, Luiz Miguel. *Teatro com bebês, enunciações, vivências*. Encontros da arte com a vida. Tese (Doutorado) – Programa de Pós-Graduação em Educação, Universidade Federal Fluminense, 2018.

PEREIRA, Luiz Miguel. *Teatro para bebês, estreias de olhares*. Dissertação (Mestrado) – Programa de Pós-Graduação em Educação, Universidade Federal Fluminense, 2014.

REIS, L.; PEREIRA, L.; VASCONCELLOS, T. *Pesquisa com bebês*: inserção crítica e teatro para bebês. GRUPECI, 2014.

SARMENTO, Manuel. Sociologia da infância: correntes e confluências. *In*: SARMENTO, Manoel; GOUVEA, Maria Cristina (Org.). *Estudos da infância*. Petrópolis: Vozes, 2008. p. 17-39.

SILVA, Adriele Nunes da. *Teatro para bebês*: desafios em cena para as artes e a educação na primeiríssima infância. Dissertação (Mestrado) – Programa de Pós-Graduação em Educação, Universidade de São Paulo, 2017.

VIGOTSKI, L. S. *Imaginação e criatividade na infância*. São Paulo: Martins Fontes, 2014.

POSFÁCIO

Lise Mineli Feital

Inicio a escrita deste posfácio agradecendo à Profa. Dra. Magali Reis pelo convite. Confesso que, ao iniciar a leitura deste *Educação de Bebês em contextos coletivos: Pedagogias e Práticas Culturais*, deparei-me com a letra da música "Saiba", do cantor e compositor Arnaldo Antunes, de 2004. Corri e fui ouvi-la. Que delícia de canção!

As junções da música e do livro mencionados recordam o início da minha carreira como Educadora Infantil no município de Belo Horizonte em 2005. No ano seguinte, escolhi trabalhar no berçário com sete crianças. Éramos duas professoras. Os bebês ficavam em tempo integral na instituição, e os horários das docentes eram nos turnos da manhã, intermediário e pela tarde.

Atuei no berçário no período de dois anos seguidos; essa experiência gerou uma insegurança e um medo em mim. A diversidade de bebês era grande, nós professores havíamos assumido um lugar diferenciado na instituição de Educação Infantil.

Existe no imaginário da sociedade um senso comum em relação às tarefas executadas no berçário. Com isso surgem comentários tanto da nossa família quanto das colegas de profissão em relação ao trabalho nesse ambiente. Alguns exemplos de frases: "o berçário é fácil e tranquilo, os bebês só comem, fazem cocô e dormem. Você só precisa cuidar deles!", ou "No berçário não precisa planejar, para cuidar de bebês não precisa nem ser estudada."

Diante de tais pensamentos, observei a necessidade de estudos e conhecimentos mais aprofundados sobre os bebês para desconstruirmos a imagem de que estes apenas comem, fazem cocô e dormem. Queria salientar naquele período que a prática pedagógica faz sim parte do cuidado e do educar no berçário.

O bebê precisa, como as outras crianças maiores, de um trabalho pedagógico com intencionalidade no planejamento, de observação e registro das práticas alcançadas ou não em relação a este, levando a uma avaliação do professor ou professora do que se deve melhorar. Isto é o fazer pedagógico tendo como consequência o desenvolvimento do trabalho pedagógico com este público.

Observar como a criança está "paradinha", medir a sua febre faz parte do cuidar, fazer desse instrumento um objeto pedagógico e tomar as providências requer muito mais que um simples cuidado, parte para o campo do educar. Ao ter essas percepções, a professora ou professor irá providenciar um banho, um colo, a medicação, com as devidas autorizações, até que a criança retorne para o aconchego da família. Esse trabalho pedagógico dos múltiplos cuidados não diminui o conhecimento da prática pedagógica que é elaborada pelo professor ou pela professora.

A partir das reflexões dos artigos que permeiam o livro *Educação de bebês em contextos coletivos: pedagogias e práticas culturais*, posso ressaltar a importância de desmistificarmos o senso comum que ronda o imaginário de alguns pais e até mesmo de professores e professoras em relação ao ato de cuidar dos bebês e educá-los em uma instituição de Educação Infantil.

O livro apresenta ensaios importantes, como o relacionado à formação continuada para professores e professoras para Educação Infantil com o foco nos bebês e nas crianças pequenas; textos sobre a participação deste público com interação em teatros, cinemas e canções; outra contribuição relevante da obra é ver e sentir a criança como ator social do seu desenvolvimento cultural.

Pude sentir o livro como um poema em minha alma ao ler textos sobre canções, teatros e cinemas para os bebês. Os artigos que compõem a obra foram um deleite para minha leitura.

Percebi, ao refletir nos textos, que devemos estar sempre em debate sobre os cuidados que nós, professores e professoras da Educação Infantil, precisamos ter ao realizar observações relacionadas ao planejamento com e para os bebês e crianças pequenas.

Não é somente o cuidado que devemos ter, trata-se também de uma postura ética ao lidarmos com os bebês e as crianças pequenas, buscando o compromisso de lhes oferecer uma prática pedagógica de qualidade, rica em possibilidades de descobertas e que realmente promova o desenvolvimento pleno e integral desse grupo.

É preciso salientar que, para tal prática se efetivar em todos os sentidos da palavra, precisamos das formações continuadas, que são garantidas por lei. A gestão da escola infantil deve garantir, de acordo com a Resolução nº 05, de 17 de dezembro de 2009: a organização de espaço, tempo e materiais e outras concepções para a proposta pedagógica. O foco é proporcionar materiais que possam possibilitar um ambiente interno e externo, lúdico e prazeroso, para que bebês e crianças pequenas possam: explorar, experimentar e ampliar seu conhecimento de mundo de forma segura.

Somando-se a isso, o professor ou a professora deverá ver a criança pequena e o bebê como leitores e produtores do seu desenvolvimento cultural. Evidentemente que para tal ação este(a) educador(a) precisará de mediação pedagógica, por isso a importância da compreensão deste(a) em relação às concepções de infância e de criança para que o trabalho pedagógico seja realizado com maestria.

Mediante as propostas mencionadas, o professor ou a professora compreenderá a presença do bebê e da criança pequena no cinema, no teatro e na música, fazendo parte das produções culturais e sendo protagonista da sua história.

Considerando o exposto, acredito que o livro *Educação de bebês em contextos coletivos: pedagogias e práticas culturais* contribui e contribuirá para uma imagem sensível às especificidades do bebê e da criança pequena, ao propor locais e atividades que possam acolher as necessidades destes. Além disso, a partir da leitura, observamos bebês como sujeitos culturais que podem usufruir de canções, teatros, livros infantis e ambientes prazerosos. A leitura desta obra nos ajuda a refletir que as formações continuadas, aliadas ao trabalho pedagógico para os bebês, possibilitam alcançar o cuidado e o educar no sentido único da palavra.

Com isso, apontamos que, nesse processo, a participação da família, como parceira nas propostas pedagógicas apresentadas pela escola, é fundamental para o desenvolvimento da criança e do bebê.

Para nossas ponderações finais, trago o "olhar" para o bebê negro, que também ocupa o berçário. Ressalto aqui a importância do acolhimento aliado ao afeto que deve existir na escola da Educação Infantil para essa criança.

SOBRE AS AUTORAS E OS AUTORES

Ana Consuelo Ramos - Doutora em Educação pela Pontifícia Universidade Católica de Minas Gerais (2018), onde integra o Núcleo de Pesquisa Social: Teoria Crítica da Sociedade, Cultura e Infância. É integrante, também, do TeclaMinas - Grupo de pesquisa em *Performance* e Pedagogia do Piano (Universidade Federal de São João Del-Rei - UFSJ). Mestre em Música/Estudos das Práticas Musicais (2005), pela Escola de Música da Universidade Federal de Minas Gerais (EMUFMG). Especialista em Música Brasileira/Práticas Interpretativas (2001), pela Escola de Música da Universidade do Estado de Minas Gerais (ESMU/UEMG) e Bacharel em Piano (1994), pela EMUFMG. Desde 1995, é Professora na Escola de Música da Universidade do Estado de Minas Gerais, lecionando nos Cursos de Bacharelado em Música: habilitação em Instrumento ou Canto, Licenciatura em Música: habilitação em Instrumento ou Canto, Licenciatura em Música: habilitação em Educação Musical Escolar e Pós-graduação *Lato Sensu* em Música. Entre as diferentes funções de gestão assumidas na ESMU/UEMG, foi coordenadora do Curso de Musicalização Infantil (Extensão), onde atuou, também, como professora de Piano em Grupo. É coautora dos livros didáticos *Piano 1: arranjos e atividades* (2001) e *Piano 2: arranjos e atividades* (2009), ambos da Coleção Inventos e Canções.

Carlos Roberto Jamil Cury - Possui graduação em Filosofia pela Faculdade de Filosofia Ciências e Letras Nossa Senhora Medianeira (1971), mestrado em Educação: História, Política, Sociedade pela Pontifícia Universidade Católica de São Paulo (1977) e doutorado em Educação: História, Política, Sociedade pela Pontifícia Universidade Católica de São Paulo (1979). Fez seu pós-doutorado, em 1994, junto à Faculdade de Direito do Largo S. Francisco-USP. A seguir, agora junto à Université de Paris (René Descartes), em 1995, continuou seus estudos pós-doutorais. Entre 1998-1999, fez outros estudos de pós-doutorado na École des Hauts Études en Sciences Sociales, EHESS, França. Em 2011, fez um estágio pós-doutoral na UFRJ. É professor titular (aposentado) da Faculdade de Educação da UFMG da qual é professor emérito. Também foi pró-reitor adjunto de pesquisa dessa universidade. É professor adjunto da Pontifícia Universidade Católica de Minas Gerais atuando na Graduação e Pós-Graduação (mestrado e doutorado). Foi membro do Conselho Estadual de Educação de Minas Gerais. Entre 1996 e 2004, foi membro do Conselho Nacional de Educação (CNE) na Câmara de Educação Básica (CEB), da qual foi presidente por duas vezes. Foi Presidente da CAPES em 2003 e membro do CTC da Educação Básica (2009-2011) da CAPES. Foi membro da Comissão de Educação da SBPC e é membro atual do seu Conselho Nacional voltado à educação. Foi também membro da Câmara de Ciências Humanas da FAPEMIG. Foi membro do Conselho Superior da CAPES. Foi Vice-presidente da SBPC (2018-2019). Tem experiência na área de Direito à Educação, atuando principalmente nos seguintes temas: lei de diretrizes e bases, política educacional, legislação educacional e educação de jovens e adultos. Pesquisador Sênior do CNPq. É professor há 53 anos.

Daniele Marques Vieira – Possui graduação em Pedagogia pela Universidade Federal do Paraná (1994), Mestrado em História pela Universidade Federal do Paraná (1998) e Doutorado em Educação pela Universidade Federal do Paraná (2016), tendo realizado doutorado sanduíche na Universidad de Barcelona, Espanha, sob a supervisão do Prof. Dr. José Contreras Domingo. Tem experiência na área de Educação Infantil, tendo sido professora e coordenadora pedagógica nessa etapa da Educação Básica e docente do Ensino Superior em cursos de Pedagogia. Integrante do Núcleo de Estudos e Pesquisas sobre Infância e Educação Infantil (NEPIE/UFPR) e do Grupo de Trabalho de Educação Infantil (GTEI) da UFPR, que integra o Fórum de Educação Infantil do Paraná (FEIPAR), que compõe o Movimento Interfóruns de Educação Infantil do Brasil (MIEIB). Exerceu também a docência no Curso Superior de Tecnologia em Fotografia da UTP, nas disciplinas de História da Imagem e da Fotografia e Fotografia Ambiental, sendo a fotografia a linguagem que vem utilizando para compor propostas metodológicas de estudo na área educacional, bem como sua forma de representação artística. Estuda a experiência pela investigação das narrativas visuais e da memória narrativa, com foco nas relações educativas que envolvem estudos com bebês (0 a 3 anos de idade). Atualmente, atua como consultora de educação infantil.

Isabella Carolina R. Araújo Pêsso – Possui graduação em Psicologia pela Pontifícia Universidade Católica de Minas Gerais (2006) e especialização em Psicopedagogia: Educação Especial e Educação Inclusiva pela Pontifícia Universidade Católica de Minas Gerais (2009). Tem experiência na área de Educação.

Jader Janer Moreira Lopes – Possui graduação em Geografia pela Universidade Federal de Juiz de Fora (1989), mestrado em Educação pela Universidade Federal de Juiz de Fora (1998), doutorado em Educação pela Universidade Federal Fluminense (2003) e pós-doutorado pelo Internationaler Promotionsstudiengang Erziehungswissenchaft Psychologie (INEDD), da Universität Siegen, Alemanha. Atualmente é professor do programa de Pós-Graduação em Educação da Universidade Federal Fluminense e da Universidade Federal de Juiz de Fora, onde orienta mestrado e doutorado. Pesquisador da FAPERJ, do CNPq e da CAPES. Atuou como membro do Grupo Gestor da Creche UFF. Coordenador do Grupo de Pesquisas e Estudos em Geografia da Infância (GRUPEGI). Foi vice-coordenador do GT de Educação de Crianças de 0 a 7 anos da ANPED. Tem experiência na área de Geografia e Educação, Educação Infantil, Crianças e Infâncias, Desenvolvimento Humano e Psicologia Histórico-cultural. Atua principalmente nos seguintes temas: Geografia – ensino/aprendizagem, Geografia da Infância e das Crianças, Educação Infantil, Desenvolvimento humano e Psicologia Histórico-cultural.

Larissa Kovalski Kautzmann – Possui graduação em Pedagogia pela Faculdade de Educação de Taquara/RS e Mestrado em Educação pela Universidade Federal do Rio Grande do Sul (UFRGS). Trabalhou nas secretarias de educação de Sapiranga/RS (1992-2005), como docente e gestora, de Porto Alegre/RS (2005-2011), como docente e supervisora pedagógica, e de Curitiba/PR (2012-2015), com a supervisão em unidades educacionais, docência em projetos de formação continuada e escrita de materiais pedagógicos. Atuou como Conselheira no Conselho Municipal de Educação de Porto Alegre (2009-2011). Realizou a coordenação técnica do Programa Fundo do Milênio para a Primeira Infância – Mesa Educadora (2008-2010), projeto da Unesco em parceria com a Secretaria de Educação de Porto Alegre. Atualmente é consultora e assessora pedagógica. Integra o ARTEVERSA – Grupo de estudo e pesquisa em arte e docência (UFRGS/CNPq). Coordena Fabulações, projeto de formação continuada de professores da Educação Infantil. Dedica-se principalmente aos seguintes temas: formação de professores, formação estética docente, educação infantil, fotografia e documentação pedagógica.

Larissa Maria Santos Altemar – Mestra em Educação e Inclusão Social pela FaE/UFMG (2018). Pós-graduanda em Direitos Humanos e questões sociais na PUC/PR. Pedagoga pela Faculdade Claretiano (2019). Graduada em Teatro/Licenciatura, com formação complementar em psicologia, pela EBA/UFMG (2015). Fez Graduação-Sanduíche na Università degli Studi di Firenze-IT (2012/2013), com bolsa CAPES, e se formou no curso livre da Escola Livre de Teatro de Jales/SP (2009). Tem experiência com ensino de teatro na Educação Infantil, formação de professores para a estética teatral na Educação Infantil e formação de professores para educação museal direcionada a crianças pequenas. Atualmente é assistente pedagógica no Memorial Minas Gerais Vale (MMGV) onde assiste educadores, organiza a rotina de trabalho do setor educativo, auxilia na criação e execução de projetos direcionados a Educação Museal e atende crianças, jovens e adultos nas visitas mediadas. Tem interesse de pesquisa nas áreas: Ensino de arte, Educação Museal, Práticas artísticas e pedagógicas, Pedagogia do Teatro, Teatro na escola, Teatro na Educação Infantil, Mediação com crianças pequenas, Educação de Bebês, Mediação com bebês, linguagens na Educação Infantil e Infância.

Luiz Miguel Pereira – Doutor e Mestre em Educação pelo PPGE – Universidade Federal Fluminense, licenciado em Geografia na mesma instituição. Com experiências nas áreas de Educação e Artes Cênicas. Atuação nos seguintes temas: Geografia – Ensino/aprendizagem; Geografia da Infância;

Pesquisa com infâncias, crianças e bebês; Educação Infantil; Teatro para bebês; Teatro com bebês; Iluminação cênica. Pesquisador do GRUPEGI-CNPq/UFF-UFJF – Grupo de Pesquisas e Estudos em Geografia da Infância.

Lisa Minelli Feital - Mestre em Educação e Docência pela Universidade Federal de Minas Gerais, graduada em História pelo Centro Universitário de Belo Horizonte, Especialista em Inspeção Escolar pela Faculdade da Região dos Lagos, Especialista em Educação Infantil pela Universidade Federal de Minas Gerais. Trabalha há treze anos na Educação Infantil como professora de crianças de 0 a 5 anos de idade. É professora de História. Foi Secretária Escolar e Técnico de Auxiliar de Secretaria Escolar. Foi Gestora do Acompanhamento Pedagógico da Secretaria Municipal de Educação da Cidade de Belo Horizonte (SMED-BH). Participou da formação oferecida pela SMED-BH – Sexualidade na Educação Infantil e Avaliação na Educação Infantil. Participou das seguintes colaborações: as Proposições Curriculares para Educação Infantil do município de Belo Horizonte (volumes 1 e 2); o livro para o professor de História e Cultura Africana e Afro-brasileira na Educação Infantil, realizado pelo Ministério da Educação (MEC). Foi selecionada para se apresentar como palestrante e publicar artigo apresentado no III Seminário Internacional: Infância e Relações Étnico-Raciais pela Universidade Federal de São Carlos (UFSCar), revista *Perspectivas sobre Infância e Educação Infantil.* Tem experiência no Ensino Superior. Participou como formadora no curso de aperfeiçoamento em Educação Escolar Quilombola das professoras da educação básica dos municípios de Januária, Berilo e Diamantina. Compondo a equipe do Ações Afirmativas-FaE/UFMG, atuou também como formadora de professoras da educação básica dos municípios de Brumadinho, Sabará e Santa Maria do Suaçuí com a temática: Infância e Relações Étnico-Raciais na Educação Infantil. Atualmente, é membro dos grupos: Kizomba – Ações Afirmativas e Pesquisa; Política Educacional, Resistência, Formação e Filosofia vinculados à FaE/UFMG. Foco de pesquisa: Educação Infantil, Infância, Relações Étnico-Raciais, Leitura e Escrita, Proposta Político-Pedagógica, Família e Escola, crianças da faixa etária de 0 a 5 anos, políticas públicas, Gestão Escolar para Educação Infantil, Coordenação pedagógica da Educação Infantil e currículo.

Magali Reis - Doutora e Pós-Doutora em Educação, na área de concentração Sociedade e Cultura, pela Universidade Estadual de Campinas. Atualmente é Professora Adjunta do Programa de Pós-Graduação *Stricto Sensu* em Educação da PUC Minas. Coordena o Núcleo de Pesquisa Social: Teoria Crítica da Sociedade, Cultura e Infância (DGP/CNPq). É membro associada da International Sociological Association (ISA), da Rede de Pesquisa Holland Alumni situada na Holanda, da Sociedade Brasileira de Sociologia (SBS), e da Associação Nacional de Política e Administração da Educação (ANPAE). Coordena a Sede Mineira do Grupo de Teoria Crítica e Educação, que está vinculado à Universidade de Frankfurt - Alemanha, à UFSCAr - São Carlos Brasil, Unimep - Piracicaba Brasil e Unesp - Araraquara Brasil. Mantém parceria acadêmico-científica com a Universidade do Porto - Portugal, com a Universidade de Paris V - França, com a Universidad Nacional del Camahue - Argentina, entre outras. É Editora-Gerente da revista *@rquivo Brasileiro de Educação*, é membro do conselho editorial da Attar Editora, da CRV Editora, entre outras. É parecerista *ad hoc* das revistas *Atos de Pesquisa*, *Educação & Realidade*, *Revista Brasileira de Estudos Pedagógicos*, *Revista Em Aberto* (INEP), entre outras. Tem experiência na área de Educação, atuando principalmente com os temas: Sociologia da Educação, Estudos Sociais sobre a Infância, Cultura e Currículo; Fundamentos da Educação de infância, Formação de Profissionais para a Educação, Metodologia de Pesquisa, Organização do Trabalho Pedagógico. Foi Coordenadora do Curso de Pedagogia PUC Minas, *campus* de Poços de Caldas, eleita e reeleita no período de 2001-2009. Foi membro eleita do Conselho Universitário da PUC Minas (2003-2005) e membro do Conselho de Ensino e Pesquisa PUC Minas 2008-2009. Coordenou o setor de Pesquisa do ICH de 2011-2013, foi membro eleita da Câmara do Departamento de Educação, de 2015-2016, e Membro eleita do Colegiado do Curso de Pedagogia 2015-2016.

Maria Carmen Silveira Barbosa - Graduada em Pedagogia pela Universidade Federal do Rio Grande do Sul (1983), especialista em Alfabetização em Classes Populares pelo GEEMPA (1984) e em Problemas no Desenvolvimento Infantil pelo Centro Lidia Coriat (1995), mestre em Planejamento em Educação pela Universidade Federal do Rio Grande do Sul (1987), Doutora em Educação pela Universidade Estadual de Campinas (2000) e Pós-doutora pela Universidade de VIC Espanha (2013). Atualmente é Professora Titular aposentada na Faculdade de Educação da Universidade Federal do Rio Grande do Sul e atua como Professora Permanente no Programa de Pós-Graduação em Educação, na Linha de Pesquisa: Estudos sobre as Infâncias. Foi coordenadora do GT 07 – Educação de crianças de 0 a 6 anos, da Anped, e participou do Comitê Científico da mesma entidade. É editora da *Revista Infância-latinoamericana* em colaboração com oito países. Participa como Comitê Editorial e avaliadora *ad hoc* em outras revistas científicas. Atua no Grupo de Estudos em Educação Infantil e Infância – GEIN e como Líder de Pesquisa no CLIQUE – Grupo de pesquisa em linguagens, currículo e cotidiano de bebês e crianças pequenas. Orienta teses e dissertações nos seguintes temas: educação básica, educação infantil, infância, formação de professores, creche, pré-escola e alfabetização. Participa do Movimento Interfóruns de Educação Infantil – MIEIB e participou como consultora de Currículo da COEDI/SEB/MEC entre 2008-2016.

Maria das Graças Oliveira – Possui graduação em Pedagogia pela Universidade do Estado de Minas Gerais (1991), mestrado em Educação pela Pontifícia Universidade Católica de Minas Gerais (2003) e Doutorado em Educação pela Universidade Estadual de Campinas (2011). Estágio Pós-Doutoral (2020) pelo Programa de Pós-Graduação do Centro de Educação da Universidade Federal da Paraíba. Atualmente é professora da Universidade Federal de Campina Grande. Tem experiência em docência na área de Educação com turmas de Educação Infantil e anos iniciais da Educação Básica. Faz pesquisas no campo da Educação Infantil, com ênfase nos seguintes temas: Educação Infantil; relação entre a família e a creche pública; docência e condição docente na Educação Infantil; práticas pedagógicas no cotidiano da Educação Infantil; e Estágio na Educação Infantil.

Maria Suelha Nunes Marcelino – Possui Graduação em Pedagogia pela Universidade Estadual da Paraíba (UEPB), habilitando-se em Educação Infantil. Concluiu a primeira especialização em Psicopedagogia pela FIP – Faculdades Integradas de Patos, com ênfase no processo de adaptação das crianças nas séries iniciais. Retomou os seus estudos em Educação Infantil na segunda especialização, pela UFCG – Universidade Federal de Campina Grande, tendo essa segunda a abrangência da adaptação das crianças, dos professores e familiares como atores que passam por processos de adaptação com níveis diferentes de angústias. Tem larga experiência nas turmas das séries iniciais. Da graduação à especialização, vem lendo e escrevendo sobre o processo da angústia de todos que estão envolvidos nos processos de adaptação na/da escola. Autora de artigos científicos voltados para a criança e seus processos de aprendizagem.

Marisol Barenco de Mello – Possui graduação em Pedagogia pela Universidade Católica de Petrópolis (1990), Mestrado em Educação pela Universidade Federal Fluminense (1998) e Doutorado em Educação pela Pontifícia Universidade Católica do Rio de Janeiro (2003). Atualmente é professora associada da Faculdade de Educação da Universidade Federal Fluminense. Tem experiência na área de Educação, com ênfase em Educação Infantil e Alfabetização, atuando principalmente nos seguintes temas: Filosofia da Linguagem, Psicologia da Educação, Educação Infantil, Alfabetização e Estudos Bakhtinianos. Coordena o Grupo de Estudos e Pesquisas ATOS UFF, no qual desenvolve estudos relacionados ao Círculo de Bakhtin.

Mauro Antonio Guari – Possui Licenciatura e Bacharelado em Ciências Sociais pela Universidade Estadual de Campinas, Pós-graduação em Psicopedagogia Clínica e Educação Infantil, curso *Lato Sensu* EAD pela Faculdade Venda do Imigrante. Atualmente é estatutário da Prefeitura Municipal de Campinas. Tem experiência na área de Ciências Sociais com ênfase em Sociologia, atuando principalmente nos seguintes temas: cinema, educação, patrimônio histórico, cultura imaterial. Bolsista do projeto "Lugar-Escola e cinema: afetos e metamorfoses mútuas", financiado pela FAPESP.

Rafaelly Sales da Cruz – Graduanda do curso de Licenciatura Plena em Pedagogia pela Universidade Federal de Campina Grande/PB (UFCG), Campus I, desde o semestre 2017.1. Integrante bolsista do Grupo PET (Programa de Educação Tutorial) Pedagogia da UFCG desde 2018, por meio do qual participa de atividades como minicursos, praça das profissões, "Teatro e educação", ministração e organização de eventos, ciclos de estudos literários e sobre autores importantes para a pedagogia, além de outras. Participa do Grupo de Estudos e Pesquisas Infâncias, Educação Infantil e Contextos Plurais (GRÃO) da UFCG, liderado pela Profa. Dra. Fernanda de Lourdes Almeida Leal. Pesquisadora PIBIC colaboradora na pesquisa "Os materiais Pedagógicos na educação e nos cuidados aos bebês nas creches públicas", em 2017, coordenada pela Profa. Dra. Maria das Graças Oliveira (UAEd/UFCG). Interessa-se por temáticas vinculadas à Educação Infantil e à Surdez.

Ricardo Carvalho de Figueiredo - Professor Adjunto da Universidade Federal de Minas Gerais (curso de Graduação em Teatro e Pós-Graduação em Artes/UFMG), com doutorado em Artes pela mesma instituição. Trabalha na formação de professores de Teatro para a Educação Básica, atuando principalmente nos seguintes temas: formação de professores de teatro, aprendizagem no campo das artes cênicas, formação de espectadores, capacitação docente. É coordenador de curso (Graduação em Teatro da Escola de Belas Artes da UFMG 2020-2022). É editor-chefe da Revista *PÓS* – Programa de Pós-Graduação em Artes da Escola de Belas Artes da UFMG (2019-2021). É membro assessor do Comitê Assessor da área de Linguística, Letras e Artes (Pró-Reitoria de Pesquisa da UFMG). É líder do grupo de pesquisa Laboratório de Aprendizagem Cênica (LACE) - CNPq. É coordenador do Programa Residência Pedagógica Artes/UFMG. Foi coordenador do subprojeto PIBID Teatro da FaE/UFMG (2011-2018) e do projeto de extensão universitária Teatro-Educação: experimentos teatrais na Ed. Infantil.

Rozeli Lemos de Melo – Possui Graduação em Pedagogia pela Universidade Estadual de Campinas. Especialização em Psicopedagogia pela Faculdade de educação "São Luís" e Didática – Fundamentos Teóricos da Prática Pedagógica, pela mesma Faculdade. Integrante do Projeto Cineclube Regente-Chá desde 2017. É bolsista ensino público da FAPESP, com o projeto: "Lugar-Escola e Cinema: afetos e metamorfoses mútuas – do espaço às filmagens – das filmagens ao espaço". Atua como professora de Educação Infantil, junto à Secretaria Municipal de Educação da Cidade de Campinas – SP.

Wenceslao Machado de Oliveira Junior – Possui graduação em Geografia e Doutorado em Educação. Atualmente é professor (Livre Docente) no Departamento de Educação, Conhecimento, Linguagem e Arte e pesquisador do Laboratório de Estudos Audiovisuais OLHO, ambos da Faculdade de Educação/Unicamp. Realizou Pós-doutorado no Departamento de Geografia da Universidade do Minho/Portugal. Pesquisa na interface entre imagens e educação em suas conexões com as geografias que dela se desdobram, se descobrem, se criam, se extraem. Atualmente tem focado mais nas relações e experimentações entre cinema e escola. Tem artigos publicados, nos quais vídeos, filmes, fotografias e mapas se misturam a conceitos e autores em escritos que visam aproximações da educação visual contemporânea e(m) suas políticas e poéticas que afetam o pensamento espacial, tomando a escola como lugar. Coordenou a Rede Internacional Imagens, Geografias e Educação, entre 2010 e 2015, da qual participa atualmente junto ao projeto "As telas da escola: cinema e professores de geografia". Desde 2016 participa do projeto "Dispositivos de criação e a experiência do cinema na escola de educação básica do município de Campinas" e, desde 2018, coordena, em duas escolas dessa rede de ensino, o projeto "Lugar-Escola e Cinema: afetos e metamorfoses mútuas – do espaço às filmagens, das filmagens ao espaço".

Este livro foi composto em tipografia Adobe Garamond Pro e
Minio Pro e impresso em papel Pólen 80g/m² (miolo) e papel
Cartão 250 g/m² (capa), na primavera dois mil e vinte dois.

Impressão e Acabamento:
EXPRESSÃO & ARTE
EDITORA E GRÁFICA
www.graficaexpressaoearte.com.br